社会治安治理视阈下的社会保障法律制度研究

林俏 著

清华大学出版社

北京

图书在版编目（CIP）数据

社会治安治理视阈下的社会保障法律制度研究/林俏著. —北京：清华大学出版社，2023.9
ISBN 978-7-302-64682-2

Ⅰ.①社… Ⅱ.①林… Ⅲ.①社会保障法–研究–中国②社会保障制度–研究–中国
Ⅳ.①D922.504②D632.1

中国国家版本馆 CIP 数据核字（2023）第 185479 号

责任编辑：刘　晶
封面设计：徐　超
责任校对：王荣静
责任印制：丛怀宇

出版发行：清华大学出版社
　　　　网　　址：http://www.tup.com.cn，http://www.wqbook.com
　　　　地　　址：北京清华大学学研大厦 A 座　　　　邮　　编：100084
　　　　社 总 机：010-83470000　　　　　　　　　邮　　购：010-62786544
　　　　投稿与读者服务：010-62776969，c-service@tup.tsinghua.edu.cn
　　　　质量反馈：010-62772015，zhiliang@tup.tsinghua.edu.cn
印 装 者：三河市君旺印务有限公司
经　　销：全国新华书店
开　　本：165mm×238mm　　　印　　张：10　　　字　　数：212 千字
版　　次：2023 年 10 月第 1 版　　　印　　次：2023 年 10 月第 1 次印刷
定　　价：159.00 元

产品编号：097232-01

本书为辽宁省教育厅科学研究经费项目:社会治安治理视阈下的社会保障法律制度研究(JYT2020WJ02)的成果。

目　　录

第一章 理 论 分 析

第一节 社会保障制度与社会治安治理的理论
逻辑与相互关系

一、社会保障制度与社会治安治理的理论逻辑

理论界对于"治理"有不同的界定。中国传统的"治理"一般是指国家治理,即治国理政的一般事务。作为现代概念的"治理"则以民主、法治为主要特征。① 联合国全球治理委员会于 1995 年发表了题为《我们的全球伙伴关系》的研究报告,该报告对治理作出了较为权威的界定:"治理是各种公共的或私人的个人和机构管理其共同事务的诸多方式的总和。它是使相互冲突的或不同的利益得以调和并且采取联合行动的持续的过程。它既包括有权迫使人们服从的正式制度和规则,也包括各种人们同意或认为符合其利益的非正式的制度安排。"②治理本质在于对社会风险的防范与化解。治理的理想状态是善治,而善治就是公共利益最大化的治理过程。③ 我国政府文件中已有"社会治安治理"这一表述,中共中央办公厅、国务院办公厅印发的《关于全面深化公安改革若干重大问题的框架意见》,将"创新社会治安治理机制"作为深化公安改革的主要任务之一。社会治安治理是指运用国家正式力量和社会非正式力量解决治安问题的诸多方式的总和;④是致力于预防、打击违法犯罪,维护社会稳定的公共管理过程,着眼于实现治理体系和治理能力的现代化,从过去的"压力维控型"向"压力疏导型"转换。⑤ 我国已形成的社会治理体系为社会稳定提供了

---

① 任剑涛:《奢侈的话语:"治理"的中国适用性问题》,载《行政论坛》,2021(2)。
② 全球治理委员会:《我们的全球伙伴关系》,1995。
③ 俞可平:《国家治理的中国特色和普遍趋势》,载《公共管理评论》,2019(1)。
④ 武胜伟:《我国转型期基本特点及社会治安治理创新路径》,载《领导科学》,2016(29)。
⑤ 周建达:《转型期我国犯罪治理模式之转换——从"压力维控型"到"压力疏导型"》,载《法商研究》,2012(2)。

制度保障,但一些领域被动应对矛盾的问题较为普遍,主动防范风险略显不足,未来须推动社会治安治理重心从被动应对向主动防范转变。① 党的二十大报告指出,"国家安全是民族复兴的根基,社会稳定是国家强盛的前提"。社会治安治理与社会稳定,从某种意义上说是同一个问题的两个层面,社会治安治理可以看作这一问题的动态过程,社会稳定是这一过程的目标和最终结果,它们之间的关系可以归结为辩证的统一关系。② 在工业社会以后,人类已经进入一个以风险为本质特征的风险社会。在经济快速发展的过程中维护社会稳定,妥善化解伴随经济社会结构变革而产生的各种社会矛盾,是社会治安治理现代化的重大课题。

从社会保障制度的历史演进逻辑来看,该制度在建立之初就与社会治安治理有着天然的联系。国家建立社会保障体系的目的是通过利益的再分配,保障公民的基本生活需求,维持社会稳定。英国1601年《济贫法》的本质目的是维护统治,抑制因圈地运动而失去基本生活来源的农民对社会稳定构成的威胁。19世纪,德国的社会保障制度是为了缓和劳资矛盾,平息工人运动,避免工人进行社会主义革命,也为了瓦解工人群众的各种自发组织,包括互助互济的基金会在内。俾斯麦认为,建立社会保障体制比单纯镇压的方式好,因此,德意志帝国被迫走上了建立强制性社会保险的道路。德国的社会保险法律制度事实上取得了预期效果,从而被许多国家效仿。《贝弗里奇报告》诞生于"二战"期间,英国政府为了稳定战后的社会秩序的背景下。由此可见,社会保障制度的功能即通过合理的社会保障法律制度设计来实现社会治安治理的目标,社会保障法律制度体系是人民生活的安全网和社会运行的稳定器。新中国成立以来,在中国共产党领导下,国家经济实力实现大幅跃升,社会治安治理水平不断提高。但是,由于国内外各种因素的影响,转型期的社会治安状况不容乐观,矛盾纠纷呈上升趋势,社会治安风险与日俱增。社会治安问题的源头是社会,治安治理应从根源着手,只有建立完善的社会保障法律制度,使每名社会成员都能抵御社会风险对基本生活的冲击,才能维持社会的长治久安。

党的十九届四中全会提出了坚持和完善中国特色社会主义制度、推进国家治理体系和治理能力现代化的总体目标,全会通过的《中共中央关于

---

① 王伟进、张亮:《风险防范:加强和创新社会治理的新的重大任务》,载《南京社会科学》,2023(1)。

② 董少平:《从治理体制优化到社会结构优化的转变——社会治安与社会稳定的生态分析》,载《湖北行政学院学报》,2004(1)。

坚持和完善中国特色社会主义制度、推进国家治理体系和治理能力现代化若干重大问题的决定》强调了"制度"和"治理"两个关键词,是我们党对社会现代化和转型治理规律的自觉把握。上述决定把分配制度上升为社会主义基本经济制度,这一理论创新,有利于缩小收入差距,促进社会稳定。2021年2月26日,中共中央政治局就完善覆盖全民的社会保障体系进行第二十八次集体学习,中共中央总书记习近平在主持学习时强调:"社会保障是保障和改善民生、维护社会公平、增进人民福祉的基本制度保障,是促进经济社会发展、实现广大人民群众共享改革发展成果的重要制度安排……是治国安邦的大问题。"①这一论述深刻阐释了社会保障在政治、经济和社会发展中的重要作用,尤其是对"治国安邦的大问题"的论述更是一针见血地点明了社会保障在社会治理中的极端重要性。社会保障的本质属性是向社会提供各类风险治理,②有参与社会治安治理的天然优势。《中华人民共和国国民经济和社会发展第十四个五年规划和2035年远景目标纲要》指出,"加大税收、社会保障、转移支付等调节力度和精准性,发挥慈善等第三次分配作用,改善收入和财富分配格局。健全多层次社会保障体系"。党中央提出了"十四五"时期经济社会发展的主要目标之一——"民生福祉达到新水平"。这是社会保障建设的新方向,需要进一步探索和谨慎设计相关制度。

2020年12月,中共中央印发了《法治社会建设实施纲要(2020—2025年)》,其中明确要求"全面提升社会治理法治化水平"。可见,法治在构建社会治理体系中的核心地位。社会保障是建立在用人单位、参保人、政府多方分担责任基础上并遵循权利义务相结合原则的法律制度,依法定制、依法实施是基本规则,故法制建设是前提条件。③良法是善治的前提,只有建立起完善的社会保障法律制度,运用法治方式化解社会矛盾,才能持续保持经济快速发展和社会长期稳定。社会保障法律制度是社会治理体系的重要组成部分,在增进民生福祉、促进社会稳定和经济发展等方面都具有独特而重要的作用,是推进社会治安治理现代化的重要支撑。有必要从社会治理现代化的高度进一步认识社会保障法律制度在社会治安治理中的基础性作用。

① 中华人民共和国中央人民政府网,http://www.gov.cn/xinwen/2021-02/27/content_5589187.htm.2021-02-27.

② 陈成文:《论完善社会保险制度与实现新时代共同富裕》,载《社会科学家》,2022(1)。

③ 郑功成:《中国社会保险法制建设:现状评估与发展思路》,载《探索》,2020(3)。

改革开放40多年来,我国经济持续增长,人民生活水平显著提高,然而,收入差距呈扩大的趋势已是不争的事实,我国目前已经进入了刘易斯拐点阶段,即由劳动力过剩到劳动力短缺的阶段,这一阶段应结束于城乡差距、系统差距的消失。① 收入差距过大对社会稳定构成了复杂而深刻的影响。学界主流观点认为,违法犯罪案件的发案率与全国居民收入差距有着显著的正相关关系。社会保障制度的收入再分配效应已经得到学术界的普遍认可,在实践中也得到了证实。随着我国社会主要矛盾的转变和城镇化、人口老龄化、就业方式多样化加快发展,我国社会保障发展的环境发生了深刻变化,面临着诸多新的风险挑战,对社会保障法律制度建构提出了更高的要求。虽然,我国社会保障法律制度经过多年的改革和完善得以快速发展,取得了令人瞩目的成绩,基本实现全覆盖,筹资水平大幅度提高,保障范围逐步扩大,对保障改善民生、调节收入分配、促进社会和谐、助力脱贫攻坚发挥了积极作用。但是,也不能忽视在应对风险时存在的不足,如果没有系统有效的法律制度安排,可能酿成重大危机。为实现社会治安治理的现代化,要用法治思维和法治方式建构社会保障制度,化解社会矛盾。推进社会治理现代化,需要健全的法治保障、科学的制度设计。

在我国的学术研究中,对社会保障在社会治安治理中的功能及其实现方式的探索较为薄弱。社会保障制度是国家促进社会公正的重要治理工具,应从社会治理体系现代化和经济社会发展全局的高度出发,完善社会保障法律制度,解决收入差距过大的问题,充分发挥社会保障制度的收入再分配作用,从源头上化解社会矛盾。

二、我国转型期违法犯罪率变化的原因分析

改革开放后,中国步入由传统社会向现代社会转型的历史时期。在持续的社会转型中,各个领域发生了一系列重大变革,伴随着经济的快速增长、利益日益分化和社会的急剧变迁,社会矛盾不断激化,给社会治安治理带来许多挑战。违法犯罪案件的发案率逐年上升,社会治安治理成本也急剧增长。公安机关立案的刑事案件总数由1995年的162.1万起上升至2015年的717.4万起,人民法院审理刑事一审案件受案数由1978年的14.7万件,上升至2015年的112.6万件(具体见图1-1),全国检察机关共批捕各类刑事犯罪嫌疑人由1986年的31.5万人,上升至2017年的

---

① 蔡昉:《改革哲学:以人民为中心》,载《探索与争鸣》,2018(9)。

108.1 万人。党的十八大以来,各类刑事案件、治安案件数量连续下降,得益于社会治理的理论创新和实践创新,但也面临一些现实困境。针对改革开放后至党的十八大之前犯罪率上升的情况,学界主要从以下四个方面进行了分析:收入不平等、社会保障碎片化且支出不足、城市化进程加快、公共安全支出不足。

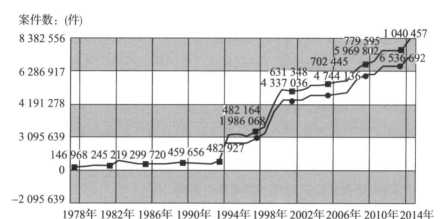

图 1-1 1978 年至 2015 年公安机关立案的刑事案件数及人民法院审理一审刑事案件数

数据来源:根据《中国统计年鉴》有关数据整理。

(一)收入不平等对违法犯罪率的影响

自 20 世纪 70 年代开始,国外学者就开始关注收入不平等对违法犯罪率的影响。社会失范理论(Merton)认为,由于收入不平等,导致追求个人目标失败的社会成员处于社会反常状态,在合法手段无法达到目的时,便会通过非法手段实现目标。犯罪经济学理论(Becker)认为,人们通过权衡犯罪的预期收益与预期成本,选择用于犯罪活动的最佳时间分配。收入不平等程度过高导致低收入群体的生存条件恶化,就会提高其从事违法犯罪活动的潜在激励,[1]进而铤而走险。最近的研究也证实,收入不平等加剧了暴力犯罪和财产犯罪,[2]导致暴力的愤怒和怨恨环境。[3] 相对剥夺的影

① Joanne M. Doyle, Ehsan Ahmed, and Robert N. Horn: The Effects of Labor Markets and Income Inequality on Crime: Evidence from Panel Data, *Southern Economic Journal*, 1999, 65(4), 717-738.

② Atems, Bebonchu: Identifying the Dynamic Effects of Income Inequality on Crime. *Oxford Bulletin of Economics & Statistics*. Aug 2020, Vol. 82 Issue 4, pp. 751-782.

③ Roy Kwon, Joseph F. Cabrera: Income Inequality and Mass Shootings in the United States, *BMC Public Health*, 2019 (19): 1147.

响取决于绝对剥夺的水平,不利程度越小、收入不平等越加剧,对凶杀人数的影响就越大。①

21世纪初期,我国学者开始关注收入不平等对违法犯罪率的影响。胡联合、胡鞍钢、徐绍刚(2005)②和白雪梅、王少瑾(2007)③认为,随着贫富差距的拉大,各种形式的违法犯罪活动特别是侵财性犯罪大量增加。也有学者从城乡收入差距对违法犯罪率的影响着手进行分析,认为城乡收入差距越大,社会刑事犯罪率越高。李殊琦、柳庆刚(2009)通过固定效应模型分析发现了城乡绝对收入水平对犯罪率产生的反向影响。黄应绘、田双全(2011)综合运用逐步回归法、时间序列分析法(平稳检验、协整分析)等对我国1986—2008年的相关变量进行实证研究,发现城乡收入差距是影响违法犯罪率主要的因素。④ 也有反对的观点,认为城乡收入差距与违法犯罪率之间不存在相关关系。⑤

(二)社会保障缺位对违法犯罪率的影响

学界主流观点认为,社会保障缺位是违法犯罪率上升的社会根源。⑥部分学者从不同的社会保障项目着手研究与犯罪率的相关关系。章友德、杜建军、徐吟川(2019)通过数据分析证明控制了犯罪率的空间效应后,城市社会保障二元结构的代理变量失业保险未参保率每增加1%,犯罪率将会增加0.038%。⑦ 杜建军、刘立佳、徐吟川(2020)的研究结果显示低保享受人数每增加1%,犯罪率将会减少0.065%。⑧ 刘博敏、杜建军、汤新云

---

① Burraston, Bert; Watts, Stephen J.; McCutcheon, James C.; Province, Karli. Relative Deprivation, Absolute Deprivation, and Homicide: Testing an Interaction Between Income Inequality and Disadvantage. *Homicide Studies.* Feb 2019, Vol. 23 Issue 1, pp. 3 – 19.

② 胡联合、胡鞍钢、徐绍刚:《贫富差距对违法犯罪活动影响的实证分析》,载《管理世界》,2005(6)。

③ 白雪梅、王少瑾:《对我国收入不平等与社会安定关系的审视》,载《财经问题研究》,2007(7)。

④ 黄应绘、田双全:《中国城乡收入差距对社会稳定的效应分析:1986—2008》,载《统计与决策》,2011(11)。

⑤ 赵进东、徐光平、曾绍龙:《城乡收入差距会影响犯罪率吗？——基于中国沿海省份数据的实证检验》,载《东岳论丛》,2019(9)。

⑥ 吉海荣:《转型期犯罪率增长的社会原因探析与刑事政策应对》,载《社会主义研究》,2005(6)。

⑦ 章友德、杜建军、徐吟川:《城市社会保障二元结构与犯罪率——基于227个城市数据的经验研究》,载《世界经济文汇》,2019(1)。

⑧ 杜建军、刘立佳、徐吟川:《低保救助制度对犯罪率的影响分析——基于227个城市的经验研究》,载《经济社会体制比较》,2020(3)。

(2020)通过数据分析证明,新型农村合作医疗参合人数对犯罪率的影响显著为负。[1] 也有学者从社会保障支出的角度,探究社会保障支出对违法犯罪率的抑制作用,陈刚(2017)认为,社会福利开支显著地降低了犯罪率。[2] 李晔(2015)通过数据实证研究结果证实,犯罪率的恶化与民生支出的弱化表现出明显的一致性。公共安全支出不但没有有效地减少犯罪,反而还在一定程度上增加了犯罪。[3] 毛颖(2011)通过数据方法进行一系列稳健性检验之后发现:民生支出的增加对刑事犯罪率的攀升具有抑制作用;但随着财政分权程度的提高,民生支出对刑事犯罪率的抑制作用逐渐被削弱。[4]

农民工的侵财型犯罪和暴力型犯罪在我国占有较大比例。农民工从原有的相对平等的乡村生活进入城市生活,切身感受到了城乡差别,就会产生相对剥夺感。研究数据显示,61.7%的新生代农民工认为外来打工者与本地城市居民的待遇是不平等的。不平等表现在多个方面,主要是社会保障不同(63.9%),对这些不平等现象,51.2%的人觉得愤愤不平。社会保障不足是农民工面临的现实问题,农民工一旦面临失业或疾病,生活将陷入窘境,这在一定程度上会加重农民工的挫折感,容易滋长反社会心理,进而实施违法犯罪行为。[5]

(三)城市化进程加快对违法犯罪率的影响

学界普遍认为,由于城市化进程的加快,城市二元结构的存在导致社会不稳定的因素急剧增加,进而推高违法犯罪率(樊继达,2014)。[6] 进城务工农民感受到的经济上的贫富差距、文化上的排斥、社会地位低下、制度缺位、权益保护虚置、犯罪的精神成本下降等因素共同导致农民工违法犯罪率上升("新生代农民工权益保护与犯罪预防研究"课题组,2011;章友

---

[1] 刘博敏、杜建军、汤新云:《新型农村合作医疗制度对犯罪率的影响——基于 190 个城市的经验研究》,载《社会保障研究》,2020(4)。

[2] 陈刚:《社会福利支出的犯罪治理效应研究》,载《管理世界》,2010(10)。李艳军、王瑜:《社会福利对犯罪率影响的统计考察》,载《统计与决策》,2017(7)。

[3] 李晔:《民生支出对犯罪率恶化影响研究——基于 29 个省份的面板数据》,载《理论前沿》,2015(6)。

[4] 毛颖:《民生支出有助于减低刑事犯罪率吗?——来自中国(1995—2008)省级面板数据的证据》,载《南开经济研究》,2011(4)。

[5] "新生代农民工权益保护与犯罪预防研究"课题组:《新生代农民工权益保护犯罪预防研究报告》,载《理论探索》,2011(9)。

[6] 樊继达:《城市二元结构:拉美警示与中国式应对》,载《国家行政学院学报》,2014(4)。

德、杜建军、徐吟川,2019)。[①]

城市化及与其相伴的农村人口流入城市仅仅是推高城市违法犯罪率的表象,而深层原因之一是碎片化的社会保障制度使得非本地户籍流动人口没有享受同样的社会保障权,社会保障权的缺失使得农民工产生相对剥夺感。外来流动人口因保障欠缺导致因病或失业可支配收入降低,与本地的户籍居民及稳定就业者的收入差距进一步扩大,导致城市违法犯罪率的上升。[②][③] 自 19 世纪末以来,人口流入或移民与犯罪率的关系也一直受到欧美学术界、政策制定者和公众的广泛关切。可能是在媒体的选择性报道作用下,公众和民选政治家习惯将城市新居民与犯罪等各种负面行为关联起来,并试图以此主导包括移民政策在内的诸多相关政策的讨论和制定(Schemer,2012)。然而这种关联在西方却并未得到经验研究的一致支持,有研究甚至发现移民可能在一定程度上带来了犯罪率的下降(Wadsworth,2010;Zatz & Smith,2012)。[④]

(四)公共安全支出与违法犯罪率相关性的争议

学界在公共安全支出与违法犯罪率的相关性问题上存在争议。有学者认为,增加公共安全财政支出具有促进社会稳定的长期均衡的作用(黄艳敏、张岩贵,2015)。[⑤] 也有学者持反对观点,认为在既定的财政预算约束下,增加公共安全支出意味着对于其他财政支出的排挤,如果将这些财政支出投入教育、劳动力市场改善和社会福利等其他方面,则往往能够起到抑制违法犯罪的作用,法律惩戒的程度应该是有最优边界的。就当前中国的具体情形而言,相关文献已经普遍认识到,对违法犯罪的抑制手段应该从简单的国家机器维稳走向关注民生的道路,也即变"堵"为"疏"(陈

---

① "新生代农民工权益保护与犯罪预防研究"课题组:《新生代农民工权益保护犯罪预防研究报告》,载《理论探索》,2011(9)。章友德、杜建军、徐吟川:《城市社会保障二元结构与犯罪率——基于 227 个城市数据的经验研究》,载《世界经济文汇》,2019(1)。

② 章友德、杜建军、徐吟川:《城市社会保障二元结构与犯罪率——基于 227 个城市数据的经验研究》,载《世界经济文汇》,2019(1)。

③ 陈刚:《社会福利支出的犯罪治理效应研究》,载《管理世界》,2010(10)。

④ 程建新、刘军强、王茼:《人口流动、居住模式与地区间犯罪率差异》,载《社会学研究》,2016(3)。

⑤ 黄艳敏、张岩贵:《财政支出维稳倾向影响社会稳定形势的实证研究——来自中国省际面板数据的考证》,载《经济经纬》,2015(2)。

刚,2010;毛颖,2011;刘瑞明,2014)。①

随着违法犯罪率的上升,治安治理成本也逐年增加,1995 年至 2010 年刑事犯罪成本总额从约 900 亿元增加至 13000 亿元,人均成本从 73 元上升至 1000 元,总成本占 GDP 的比重也由 1.34% 增加至 4.02%。② 2002 年至 2012 年期间,中国公检司法支出从人均 96.8 元涨到 506.7 元,大约增长了 4 倍多,远高于同期刑事犯罪率的增长速度。③ 个人进行违法犯罪是基于成本—收益分析的理性选择,当收入差距越大或社会保障水平越低时,个人进行违法犯罪的潜在收益提高,导致违法犯罪率升高。不断攀升的违法犯罪率影响社会稳定,迫使政府增加治安治理成本。而且,一个地区的治安治理成本提高,会对相邻地区产生迁移效应、辐射与扩散效应,进而影响相邻地区的治安治理成本。④ 违法犯罪会给社会各方面带来严重危害,导致巨大的社会成本支出,这就涉及政策方式在"堵"与"疏"之间的选择。为维护良好社会秩序,我国每年有大量财政支出用于社会矛盾风险预防,如果政府倾向于以金钱维稳,就会培养谋利性群体,使得地方治理的难度越来越大。逐渐遏制基层政府不计成本的维稳投入倾向,有利于避免金钱维稳陷阱。⑤ 而且,公共安全支出是否能抑制违法犯罪是有争议的,即使公共安全支出增加可以从社会控制的角度解决问题,但治标不治本,效率低下。有研究认为,公共安全支出对侵财犯罪抑制作用显著,而对暴力犯罪、经济犯罪的抑制作用却不理想。单纯依靠增加公共安全投入进行治安治理很难达到预期的效果,而通过增加民生型支出缩小收入差距,提升劳动力素质的举措,对于减抑违法犯罪以及社会的良性发展将起到更大的作用。⑥ 而且,在既定的财政预算约束下,增加公共安全支出意味着对

---

① 陈刚:《社会福利支出的犯罪治理效应研究》,载《管理世界》,2010(10)。李艳军、王瑜:《社会福利对犯罪率影响的统计考察》,载《统计与决策》,2017(7);毛颖:《民生支出有助于减低刑事犯罪率吗?——来自中国(1995—2008)省级面板数据的证据》,载《南开经济研究》,2011(4);刘瑞明、毛颖:《中国转型时期的离婚与犯罪——法律经济学的解释和验证》,载《世界经济文汇》,2014(5)。

② 陈硕、刘飞:《中国转型期犯罪的社会成本估算》,载《世界经济文汇》,2013(3)。

③ 张海鹏、陈帅:《城乡基本公共服务均等化的犯罪治理效应——基于 2002—2012 年省级面板数据的实证分析》,载《世界经济文汇》,2017(6)。

④ 吴士炜、汪小勤:《城乡收入差距、社会保障与犯罪治理成本——基于动态空间面板模式的实证研究》,载《财经论丛》,2016(1)。

⑤ 王伟进、焦长权:《从矛盾应对走向矛盾预防——从财政支出看我国社会治理的演变趋势》,载《财政研究》,2019(9)。

⑥ 张丽、吕康银、陈漫雪:《公共安全支出对犯罪抑制作用的实证检验》,载《税务与经济》,2017(1)。

于其他财政支出的挤出。如果能够将这部分支出用在民生上,从矛盾应对向矛盾预防的思路转变,健全和完善社会保障法律制度,则更有利于社会稳定。完善的社会保障制度能有效缩小收入差距,有助于降低犯罪率。

三、社会治安问题的社会结构性根源分析

犯罪学中的紧张、社会支持、社会紊乱等理论都认为社会福利条件同违法犯罪率间存在相关性。犯罪社会学和犯罪经济学在对犯罪原因的探究中发现,社会因素是关键性致罪因素,而收入不平等是引发社会治安问题的主要原因之一。简言之,收入不平等是影响社会稳定的经济根源。[①]社会失范理论(Merton)认为,由于收入不平等,导致追求个人目标失败的社会成员处于社会反常状态,在合法手段无法达到目的时,便会通过非法手段实现目标。犯罪经济学理论(Becker)认为,人们通过权衡犯罪的预期收益与预期成本,选择用于犯罪活动的最佳时间分配。收入差距过大导致低收入群体的生存条件恶化,就会提高其从事违法犯罪活动的潜在激励,[②]进而铤而走险。

从国内外现有统计方式来看,基尼系数是最普遍使用的衡量国民收入分配公平度的常用指标。从各国的基尼系数与犯罪指数的关系来看,基尼系数与犯罪指数之间存在正相关关系。图1-2是利用OECD[③]21个国家的数据绘制出的基尼系数与犯罪指数相对应的散点图,各国的数据表明,基尼系数与犯罪指数之间存在正相关关系,相关系数为0.72,并且在0.05的水平下显著。国外众多学者的研究证实,收入不平等指标与凶杀、暴力、盗窃犯罪率的变化密切相关。[④⑤] 我国也有少量学者研究收入不平等与违法犯罪的关系,胡联合等学者(2005)通过实证检验证实,违法犯罪案件的发案率与全国居民收入差距(基尼系数)有着显著的正相关关系,基尼系数越高,违法犯罪案件的发案率就会越高。基尼系数每上升1个百分点,

---

① 胡联合、胡鞍钢:《贫富差距是如何影响社会稳定的?》,载《江西社会科学》,2007(9)。

② Joanne M. Doyle, Ehsan Ahmed, and Robert N. Horn. 'The Effects of Labor Markets and Income Inequality on Crime:Evidence from Panel Data', *Southern Economic Journal*, 1999, 65(4), 717-738.

③ 经济合作与发展组织(Organization for Economic Co-operation and Development),简称经合组织(OECD)。

④ Celia Landmann Szwarcwald, MMath, Francisco Inacio Bastos, ' Income Inequality and Homicide Rates in Rio de Janeiro, Brazil', *American Journal of Public Health*, June 1999, Vol. 89. No. 6, pp. 845-850.

⑤ Cohen, Lawrence E. ; Kluegel, James R. ; Land, Kenneth C. , ' SOCIAL INEQUALITY AND PREDATORY CRIMINAL VICTIMIZATION:AN EXPOSITION AND TEST OF A FORMAL THEORY ', *American Sociological Review*. Oct1981, Vol. 46 Issue 5, pp. 505-524. 20p.

犯罪率将上升 12. 49 个单位。[①] 李子联等学者(2015)通过统计分析发现,1981—2012 年,中国城乡居民收入比由 2. 24 增大到 3. 1,每万人刑事案件数也从 8. 9 件上升到 48. 38 件。[②] 陈春良、易君健(2009)对 1998—2004 年中国省级面板数据进行计量分析的结果表明,相对收入差距上升 1% 将导致犯罪率上升 0. 37%。[③] 收入不平等问题,对社会稳定有着复杂而深刻的影响,这不仅是经济问题,也是社会问题。事实证明,违法犯罪率与居民收入基尼系数是有关联的。当基尼系数上升,违法犯罪率就会上升。

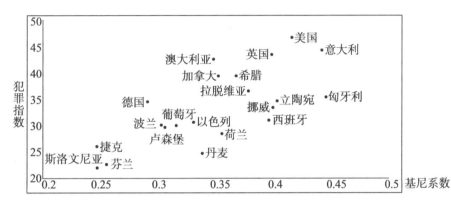

图 1 - 2 OECD 21 个国家的犯罪指数与基尼系数的对应图

数据来源:根据 OECD 和 NUMBEO 有关数据整理。

从微观上看,违法犯罪是具有自由意志的犯罪人,由于个体的社会适应不良导致的危害国家、社会和他人利益的行为,违法犯罪人理应承担刑事责任。但从宏观上洞察犯罪现象的根源,我们必须接受一个事实,违法犯罪植根于社会及自然特性,以及种族与族群、社会阶层及性别的结构化的社会不平等。[④] 而这些都会具体化为收入不平等。收入不平等导致相对剥夺,使个人倾向于挑战社会现状。[⑤] 当一个人将自己的境况与参照人群的境况进行比较,发现自己处于不利状态时,他会觉得自己相对处于被剥夺状态。正如马克思所说,无论房子多么小,如果周围的房子都很小,它

① 胡联合、胡鞍钢、徐绍刚:《贫富差距对违法犯罪活动影响的实证分析》,载《管理世界》,2005(6)。

② 李子联、朱江丽:《中国的收入差距与刑事犯罪》,载《法律科学》,2015(1)。

③ 陈春良、易君健:《收入差距与刑事犯罪:基于中国省级面板数据的经验研究》,载《世界经济》,2009(1)。

④ [美]斯蒂芬·E. 巴坎:《犯罪学:社会学的理解》(第四版),秦晨等译,624 ~ 630 页,上海:上海人民出版社,2011。

⑤ Henrikas Bartusevicius, 'A Congruence Analysis of the Inequality - Conflict Nexus: Evidence from 16 Cases', Conflict Management and Peace Science, 2019, Vol. 36(4) 339 - 358.

们就能满足社会要求。但是,当在小房子旁边建造宫殿时,即使小房子随着社会的进步也扩大了,但小房子的居住者仍会感到日益沮丧和不满。① 当一个人意识到其弱势地位的形成是由不公平的社会机制造成的时候,他就不可避免地对社会机制产生严重的抵制和仇恨情绪,这就很容易产生社会冲突,继而诱发报复社会的犯罪。② 相对剥夺感可能引发集体的暴力行动,甚至革命。③

财富、贫困本身与罪恶不存在正相关的关系,④竞争以及与其相伴而生的适度的社会紧张有利于社会的发展。但如果超过了度,则会带来社会问题,因贫困而不满会导致违法犯罪现象的发生,"在富裕国家的相对剥夺的人们中间比在贫困国家的真正被剥夺的人们中间更有可能因贫困而不满"。⑤ 美国20世纪末的社会状况印证了以上结论,在20世纪80年代,美国社会经历了社会财富的大幅增长,收入不平等也达到了历史上最严重的水平,犯罪率显著提高。与此相反,在20世纪90年代,美国的社会财富继续增长,但收入不平等逐渐缩小,犯罪率也呈下降的趋势。⑥

实践证明,绝对的平均主义不利于经济的发展,收入差距的存在是必要的。正如范伯格所说,只要有理由认为收入差距能促进经济发展,并因此有利于所有国民,即使对收入较低的国民也是如此,"就可以证明正义并不要求严格的平等"。⑦ 一定程度的收入差距对激发个人工作的积极性是必要的,但是持续性的、较大幅度的收入差距则容易诱发违法犯罪并导致社会结构的毁灭。⑧ 在一切文明社会中,个人或群体间,在财产、权力、社会地位等方面存在差异是普遍的,不是要消除差距,而是要通过科学的制度设计,使收入差距趋于合理。⑨ 违法犯罪现象是社会分化过程中无法化

---

① 《马克思恩格斯选集》(第1卷),367页,北京:人民出版社,1972。

② 莫洪宪:《我国报复社会型犯罪及其预防》,载《山东大学学报(哲学社会科学版)》,2015(2)。

③ 员智凯、孙祥麟:《城市化进程中农民工犯罪率趋高的社会学透视》,载《西北大学学报(哲学社会科学版)》,2010(6)。

④ Judith R. Blau, Peter M, Blau, 'The Cost of Inequality: Metropolitan Structure and Violent Crime', *American Sociological Review* 1982, Vol,47:114-129.

⑤ [美]路易丝·谢利:《犯罪与现代化——工业化与城市化对犯罪的影响》,何秉松译,100~101页,北京:群众出版社,1986。

⑥ [美]沃尔德等著:《理论犯罪学》,方鹏译,123页,北京:中国政法大学出版社,2005。

⑦ [美]J.范伯格:《自由、权利和社会正义》,王守昌、戴栩译,161页,贵阳:贵州人民出版社,1988。

⑧ [美]罗纳德·J.博格、小马文·D.弗瑞、帕特里克亚·瑟尔斯:《犯罪学导论——犯罪、司法与社会》(第二版),刘仁文等译,597~605页,北京:清华大学出版社,2009。

⑨ 李培林主编:《中国新时期阶级阶层报告》,342页,沈阳:辽宁人民出版社,1995。

解紧张的结果。收入差距过大易导致社会公众的不满,而这种不满不仅仅是对结果的不满,更主要的是对收入不平等形成过程的不满。

四、社会保障通过调节收入差距对违法犯罪的影响及传导机制

社会保障的本质是立足维护社会公平进而促进社会稳定发展。社会保障的功能包括社会功能、经济功能、政治功能和危机应对功能。社会保障制度不仅可以防范劳动者和社会成员的个人风险,而且具有国民收入的再分配功能。[①] 通过再分配功能达到减少社会贫困,减少收入不平等的目的,从而维护社会稳定,拉动内需,促进经济平稳发展。[②] 社会保障的互助共济机制可以化解风险与消减贫困,社会保障作为代际资源配置和代内收入再分配的重要手段,调节社会财富分配格局,促进社会公平正义,化解社会矛盾,促进社会稳定。完善的社会保障法律制度能给予国民对未来生活的稳定、安全的预期,增强消费能力,提升劳动者素质,有利于经济增长。社会保障也是社会成员国家认同的重要基础。19 世纪 80 年代德意志统一伊始和 20 世纪 90 年代两德统一之时,社会保障法律制度发挥了重要的治理功能。从中外社会保障发展的历史看,很多经济和社会危机乃至军事危机时期,社会保障制度往往得以发展并发挥巨大作用。[③]

市场机制能达到较高的经济效率,却可能导致更大的社会风险,如收入差距加大,分配不公等现象,如果不及时进行调节,就会导致严重的社会问题。从工业文明的发展进程来看,社会保障法的产生与发展,正是与市场机制存在失灵的可能而导致社会不公、贫富分化、犯罪激增等问题紧密相联的。以最早的现代社会保险立法为例,19 世纪末期,由于劳资之间的对立与冲突加剧,以及犯罪率显著升高等社会问题突出,德国的新历史学派开始倡导劳资合作等政策主张,并产生了比较大的政治与社会影响力。在这种形势之下,俾斯麦政府迫于社会压力,同时也是为了满足政治斗争的需要采取了恩威并施的政策。于是,德国的社会保险立法才"应运而生"。[④] 各国都认识到社会保障法律制度在社会治理中的重要作用,纷纷通过社会保障制度调节收入差距,弱化不稳定因素。如新加坡的经济战略

---

① 宋凤轩、康世宇:《"十三五"时期社会保障建设的成就、问题与展望》,载《河北大学学报(哲学社会科学版)》,2021(4)。

② 刘翠霄:《社会保障权的基本理论问题》,载《温州大学学报(社会科学版)》,2016(5)。

③ 中国社会保障学会理论研究组:《中国社会保障推进国家治理现代化的基本思路与主要方向》,载《社会保障评论》,2017(3)。

④ 林俏:《城乡统筹社会保障法律制度研究》,15~16 页,北京:清华大学出版社,2016。

是利用可持续的社会保障机制增强竞争力,并阻止收入不平等的加剧。[1]
反观社会治安问题比较严重的国家,治安问题很大程度上是由于社会保障
法律制度的缺失导致的。如苏联解体后俄罗斯治安状况严重恶化的原因
之一,是原有的社会保障法律制度不再起作用,却没有建立新的社会保障
法律制度。据相关数据统计,全俄 10% 的最富有的人与 10% 的最贫困的
人的平均收入差距超过 12 倍。大量俄罗斯人陷入极端贫困,其中一部分
人为了生存而被迫进行盗窃、抢劫等违法犯罪行为。[2]

　　社会保障是重要的调节收入差距的措施。社会保障制度的收入再分
配效应已经得到学术界的普遍认可,在实践中也得到了证实。在市场经济
条件下,国外发达国家通常采用社会保障和税收等再分配手段来减少初次
分配带来的收入不平等。虽然税收也可以对收入不平等进行调整,但是税
收只能单方向地降低高收入群体的收入水平,而社会保障转移收入还能增
加低收入群体的收入。[3] 社会保障制度是政府减少收入不平等、实现社会
公平的重要治理工具。[4] 据英国国家统计局统计数据显示,社会保障减少
了可支配收入相对于市场收入的不平等,[5]英国 2017 财政年度政府通过社
会保障对收入进行调节,将基尼系数从原始收入的 0.489 降至 0.354。[6]
澳大利亚 2017—2018 年家庭总收入的基尼系数为 0.439,通过社会保障收
入再分配的调节降至 0.328。[7] 韩国通过社会保障等的总收入再分配效
应,使基尼系数降低了 13.8%。[8] 克罗地亚的非养老金社会福利将平均收

①　Chew Soon Beng, Rosalind Chew, 'An analysis of income inequality, social security and competitiveness:An essay on dr goh keng swee's contributions to Singapore's economic strategy,' *The Singapore Economic Review*, Vol. 57, No. 1 (2012) 1250002 (17 pages).

②　黄登学:《俄罗斯"社会安全"问题探析》,载《当代世界社会主义问题》,2003(3)。

③　陶纪坤:《瑞典社会保障制度调节收入差距的特征及其启示》,载《中国行政管理》,2019(8)。

④　陶纪坤:《瑞典社会保障制度调节收入差距的特征及其启示》,载《中国行政管理》,2019(8)。

⑤　Isabelle Joumard, Mauro Pisu, Debbie Bloch, 'Tackling Income Inequality:The Role of Taxes and Transfers,' *OECD Journal:Economic Studies*. 2012, Vol. 2012 Issue 1, pp. 37 – 70. 34p. 2 Charts, 11 Graphs.

⑥　Office for National Statistics. https://www. ons. gov. uk,2019 – 9 – 12.

⑦　Australian Bureau of Statistics. https://www. abs. gov. au/ausstats/abs @. nsf/Lookup/by% 20Subject/6523. 0 ~ 2017 – 18 ~ Main% 20Features ~ Distribution% 20of% 20Household% 20Income% 20and% 20Wealth ~ 6,2019 – 09 – 26.

⑧　Myung Jae Sung, 'Effects of Taxes and Benefits on Income Distribution in Korea', *Review of Income and Wealth*, Series 57, Number 2, June 2011.

入差距减少了15.6%。[1] 日本学者经过研究证实,收入再分配环节中社会保障对于缩小收入差距的贡献最大。[2] 瑞典社会保障调节收入分配的作用甚至高达80%以上。[3] 通过分析 OECD 成员国的社会保障计划对收入不平等的影响,所有国家的社会保障在减少初始收入差距方面都发挥着主导作用。虽然近年来收入不平等现象显著增加,但社会保障制度抵消了收入不平等平均增长的1/2。[4] 中国人民大学财税研究所的研究显示,OECD 国家平均的市场收入基尼系数是 0.468,可支配收入基尼系数是 0.318。其中,80% 是转移性收入效应,20% 是个人所得税效应。[5] 以 2016 年为例,调节后的基尼系数平均下降了 0.2 左右。[6] 平均而言,社会保障使基尼系数从 0.462 下降到 0.323,即下降了 30%。[7] 可见,社会保障法律制度对减少收入差距起到了非常重要的作用。

第二节 社会保障制度与刑事犯罪相关性的实证检验

基于以上分析,本书主要目的是验证一段时间内我国犯罪率持续上升与社会保障制度之间是否具有相关性。立足于社会治安治理与社会保障法律制度的内在逻辑和相互关系,进一步探究犯罪率到底在多大程度上受到了社会保障制度的影响。本书拟采用回归模型对社会保障与犯罪率的相关性进行实证检验。

一、模型的设定

为了反应社会保障各因素与犯罪率之间的关系,在参考已有文献和研

---

① Ivica Urban,'Impact of Taxes and Benefits on Inequality Among Groups of Income Units', *Review of Income and Wealth*,2014,Series 62,Number 1,March 2016.

② 李晓:《日本收入分配的结构性特点及其启示》,载《清华大学学报(哲学社会科学版)》,2018(4)。

③ 中国社会保障学会理论研究组:《中国社会保障推进国家治理现代化的基本思路与主要方向》,载《社会保障评论》,2017(3)。

④ Chen Wang,Koen Caminada,Kees Goudswaard,'Income Redistribution in 20 Countries over Time',*International Journal of Social Welfare*. Jul 2014,Vol. 23 Issue 3,pp. 262 – 275.

⑤ 再分配在共同富裕中的作用,http://ipft. ruc. edu. cn/yjtd/zzyjy/gjyjy/yxmyjy/yxmxsgd/777450b17b4a4cce84babee5aeac0c08. htm. 2021 – 11212.

⑥ OECD. Stat. https://stats. oecd. org/viewhtml. aspx? datasetcode = IDD&lang = en,2019 – 09 – 28。

⑦ Chen Wang,Koen Caminada,Kees Goudswaard,'The Redistributive Effect of Social Transfer Programmes and Taxes:A Decompositionacross Countries,'*International Social Security Review*,Vol. 65,3/2012.

究结果的基础上,本书建立如下的理论回归模型:

$$\mathrm{Crime}_{i,j} = \beta_0 + \beta_1 \mathrm{SocialSecurity}_{i,j} + \beta_2 X_{i,j} + \varepsilon_{i,j}$$

其中,$\mathrm{Crime}_{i,j}$ 代表犯罪率,$\mathrm{SocialSecurity}_{i,j}$ 代表社会保障,$X_{i,j}$ 代表控制项,$\varepsilon_{i,j}$ 为随机扰动项。在实际分析过程中,本书采用城镇职工养老保险和城乡居民养老保险作为构成养老保险的社会保障项目。

二、变量选择与数据来源及处理

(一)变量定义及指标选择

本书所要考察的被解释变量为"犯罪率",结合当前社会保障的重点内容以及国家统计局的数据,笔者分别使用最低生活保障、养老保险、医疗保险、失业保险、生育保险和工伤保险作为被解释变量。在数据的来源上,通过回溯《中国统计年鉴》《中国法律年鉴》等,整理 2011—2018 年的面板数据。

(1)犯罪率。本书采用各年度各地区人民检察院批准逮捕的刑事犯罪嫌疑人占当地总人口的比例作为衡量某年某地区犯罪率的指标。

(2)社会保障。本书主要考察的社会保障项目包括养老保险、医疗保险、失业保险、生育保险、工伤保险和最低生活保障。其中,最低生活保障选择各地各年度符合最低生活保障标准的人口占地区总人口的比例;养老保险分别选择各地各年度城镇职工养老保险和城乡居民养老保险的实际人均领取金额;医疗保险、失业保险、生育保险和工伤保险都选取各地各年度实际的人均领取金额作为指标项目。

(3)控制变量。本书选择教育程度作为控制变量。具体的指标为,选择各年度各地区中等职业学校及以上的毕业生占地区总人口的比例。

(二)数据来源及描述

依据选择的指标及变量,本书选择除西藏自治区外,全国各省级行政区 2011—2018 年相关数据作为样本,构成面板数据。样本观测值共 240 个。数据来源为国家统计局发布的各地年度统计数据、各地方统计年鉴以及各地方检察院年度公报等。对于个别缺失数据,采用插值法进行了补充(表 1-1)。

表 1-1 变量定义及描述

变 量 名 称	变 量 定 义	变量类型	平均值	标准差
犯罪率(Crime)	每十万人中被批准逮捕的犯罪嫌疑人数量	被解释变量	73.378	66.036
最低生活保障(MLS)	城乡居民最低生活保障人数占地区总人口的比例	解释变量	5.3759	3.6755
城镇职工养老保险(EIEP)	年度人均实际领取城镇职工养老保险金额,万元/人	解释变量	2.8016	0.8714
城乡居民养老保险(EIUR)	年度人均实际领取城乡居民养老保险金额,万元/人	解释变量	0.1672	0.1799
医疗保险(MeI)	年度人均实际领取医疗保险金额,万元/人	解释变量	0.1393	0.0786
生育保险(MaI)	年度人均实际领取生育保险金额,万元/人	解释变量	0.6303	0.2989
失业保险(UI)	年度人均实际领取失业保险金额,万元/人	解释变量	3.7216	2.9816
工伤保险(EII)	年度人均实际领取工伤保险金额,万元/人	解释变量	3.1953	1.3203
教育程度(Edu)	年度中等职业学校以上毕业生占地区总人口的比例	控制变量	1.4185	0.2114

三、实证检验及结果分析

本书分别采用城镇职工养老保险与城乡居民养老保险作为社会保障中养老保险部分的指标,结合其他社会保障因素和控制变量,组合成二元面板数据(表 1-2)。

表 1-2 二元面板数据

解 释 变 量	被解释变量:犯罪率		
	固定效应	随机效应	混合回归
城镇职工养老保险	24.5218 *	16.0350 *	14.6584 *
城乡居民养老保险	-17.6255	-12.6301	-28.4494
最低生活保障	14.0093 **	4.3716 *	2.1075
医疗保险	-78.7941	-14.2695	-55.2578

解 释 变 量	被解释变量:犯罪率		
	固定效应	随机效应	混合回归
生育保险	43.5791	44.1464	35.6068
失业保险	2.6594	2.0119	2.1703
工伤保险	-1.8907	-5.8568	-2.8915
教育程度	70.4429	7.2713	-35.5067
观测数	240	240	240
R^2	0.08	0.06	0.08
Adj - R^2	-0.08	0.03	0.05
F 或 Chisq	2.3657	14.1596	2.6608

(＊,＊＊分别表示在 0.05 和 0.01 的水平上显著)

根据以上回归结果,可以发现社会保障虽然并不是影响犯罪率的全部因素,但社会保障与犯罪率的相关性显而易见,而且不同的社会保障项目对于犯罪率的影响有较大差异。综合来看,养老保险对于犯罪率的影响敏感度最高,最低生活保障与犯罪率的关联也较为显著。经过实证检验证实,社会保障制度与犯罪率具有相关性。社会保障法律制度体系是人民生活的安全网和社会运行的稳定器,但是实践中,社会保障既可能减少收入不平等,也可能扩大收入不平等,出现负向调节,关键在于社会保障的制度设计、制度模式、覆盖范围等因素。[①]

第三节　我国社会保障制度的功能及法律分析

一、我国社会保障制度的收入再分配效应分析

联合国开发计划署和我国国务院发展研究中心发布的 2019 年《人类发展报告》指出,中国是全球人类发展最快的地区之一,但是中国的居民收入差距从 20 世纪 80 年代开始迅速扩大,在 2005 年前后趋于稳定,[②]基尼系数长期较高。根据国家统计局等有关统计数据,1978 年至 2003 年,我国

[①]　王延中等:《中国社会保障收入再分配效应研究——以社会保险为例》,载《经济研究》,2016(2)。

[②]　联合国开发计划署,https://hdr.undp.org/zh/aboutun/structure/undp/report.shtml,2023 - 07 - 18.

基尼系数由 0.18 扩大到 0.479,意味着城镇居民收入分配不平等程度扩大了 166% ;2000 年基尼系数首次突破 0.4 这一国际公认的警戒线。根据国家统计局的统计数据,我国 2003—2017 年的基尼系数为 0.46~0.5 之间。① 从 2003 年到 2008 年,我国基尼系数不断攀升,2008 年达到 0.491 的峰值,显示收入不平等程度持续上升。之后基尼系数开始下降,2017 年降至 0.467(图 1-3)。这反映出,政府对社会保障和教育的投入起到了一定的作用。根据 OECD 统计数据,世界大多数国家的基尼系数在 0.3~0.4 之间,相比较而言,我国的收入差距一直处于比较高的水平,而且已经远远超出基尼系数 0.4 的警戒线。当前,我国的社会矛盾与收入不平等有密切的关系。正如马克思指出:"一切历史冲突根源于生产力和交往形式之间的矛盾。"古希腊著名的哲学家亚里士多德也精辟地指出:"社会动乱都常常以'不平等'为发难的原因";"内讧总是由要求'平等'的愿望这一根苗生长起来的"。②

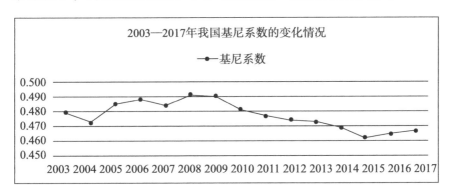

图 1-3　2013 年—2017 年我国基尼系数的变化情况

数据来源:《中国统计年鉴》。

　　缩小收入差距要靠再分配手段,再分配手段一是政府通过社会保障制度对居民的转移支付,二是个人所得税。其中政府通过社会保障制度的转移支付更重要。③ 但是,我国收入不平等问题突出且社会保障的调节作用有限。根据 OECD 统计数据,2011 年调节前我国的基尼系数为 0.548,调节后为 0.514,经调节只降低了 0.034,而 OECD 大多数国家的基尼系数在 0.3~0.4 之间,调节后的基尼系数平均下降了 0.2 左右。④ 有研究显示,

　　① 中华人民共和国国家统计局, http://www. stats. gov. cn/ztjc/zdtjgz/yblh/zysj/201710/t20171010_1540710. html ,2019 - 10 - 10.

　　② (古希腊)亚里士多德《政治学》,234 页,北京:商务印书馆,1996。

　　③ 再分配在共同富裕中的作用, http://ipft. ruc. edu. cn/yjtd/zzyjy/gjyjy/yxmyjy/yxmxsgd/777450b17b4a4cce84babee5aeac0c08. htm. 2021 - 11 - 12.

　　④ OECD. Stat. https://stats. oecd. org/viewhtml. aspx? datasetcode = IDD&lang = en ,2019 - 09 - 28.

从地区来看,我国只有一半以上的省份的社会保障支出对缩小收入差距有一定的积极作用。① 区分城镇和农村来量化社会保障对基尼系数的影响,城镇社会保险制度调节收入分配的效果显著大于农村社会保险制度,城镇居民的社会保险使基尼系数降低了 12%,而农村居民的社会保险仅使基尼系数降低了 1.8%。② 我国城市社会保障体系相对比较完善,在一定程度上,社会保障制度提高了低收入人群和老年人的收入,降低了相对贫困率,但再分配效应并未抵消收入不平等的扩大,低收入群体和高收入群体都从社会保障体系中获得了正的净效益,但净效益随着收入的增加而增加。中国社会保障制度在贡献上缺乏先进性,在效益上不利于低收入者。③ 而农村社会保障的不足增大了城乡收入不平等。④ 城乡二元结构导致相比于城镇居民而言,农村居民的社会保障水平偏低。在城镇居民内部,不同的职业群体的社会保障待遇水平有明显差别,我国的社会保障的城乡差别、地域差别,群体间的差别,导致社会保障不仅没有起到缩小收入差距的作用,而且在某种程度上成为收入差距进一步扩大的原因之一。⑤ 从保险项目来看,城镇养老保险对收入再分配的影响最大,而农村养老保险、医疗保险、生育保险、工伤保险再分配作用十分有限。⑥ 就养老保险而言,我国养老保险主要包括机关事业单位养老保险、城镇职工养老保险、城乡居民基本养老保险,不同养老保险制度之间的待遇水平差异很大,扩大了收入差距,出现对收入分配的"逆向调节"作用。⑦ 从城乡医疗保险对基尼系数的影响来看,医疗保险补偿后,相比没有任何医疗支出时,基尼系数上升了 6.44%,医疗保险进一步扩大了城乡差距,不同的医疗保险制度

---

① 余菊、刘新:《城市化、社会保障支出与城乡收入差距——来自中国省级面板数据的经验证据》,载《经济地理》,2014(3)。

② 杨风寿、沈默:《社会保障水平与城乡收入差距的关系研究》,载《宏观经济研究》,2016(5)。

③ Lixin He, Hiroshi Sato,'Income Redistribution in Urban China by Social Security System——An Empirical Analysis Based on Annual and Lifetime Income', *Contemporary Economic Policy* (ISSN 1465 - 7287) Vol. 31, No. 2, April 2013, pp. 314 - 331.

④ Yinan Yang, John B. Williamson, Ce Shen,'Viewpoints Social Security for China's Rural Aged: A Proposal Based on A Universal Non-Contributory Pension', *International Journal of Social Welfare*, Apr 2010, Vol. 19 Issue 2, pp. 236 - 245. 10p. 1 Chart, 1 Graph.

⑤ 王霞:《公共政策 70 年:社会保障与公共服务供给体系的发展与改革》,载《北京工业大学学报》,2019(9)。

⑥ 王延中等:《中国社会保障收入再分配效应研究——以社会保险为例》,载《经济研究》,2016(2)。

⑦ 鲁元平等:《基本养老保险与居民再分配偏好》,载《中南财经政法大学学报》,2019(5)。

间,出现了"逆调节"的效应。① 可以说,2014 年之前,在某种程度上,我国城乡社会保障制度拉大了收入差距,加剧了收入不平等(表1-3)。

表1-3 我国城乡社会保障水平(2014 年)

比 较 项 目		类别	数额
居民最低生活保障	平均低保标准	城市	411 元/月·人
		农村	231 元/月·人
	平均补助水平	城市	286 元/月·人
		农村	129 元/月·人
城镇职工基本养老保险		平均养老金	25317.1 元/年
城乡居民养老保险		人均养老金	1097.6 元/年
城镇职工基本医疗保险		人均筹资额	2840.6 元/年
城镇居民基本医疗保险		人均筹资额	524.4 元/年
新型农村合作医疗		人均筹资额	410.89 元/年

数据来源:根据 2014 年《中国统计年鉴》《社会服务发展统计公报》《民政事业发展统计公报》有关数据整理。

收入不平等对社会稳定造成了复杂而深刻的影响。导致收入不平等的主要原因是资源分配和占有(即市场前权力分配)的结构性不公。资源的分配、占有及使用不公,使民众日益产生了不公平感与不满情绪,感到相对剥夺,继而引发违法犯罪。社会保障支出领域的再分配结构,加剧了这种不公。② 社会保障制度以安全和稳定为重要的价值诉求,作为一种社会安全机制,通过保障公民的基本权利来缓和市场竞争带来的诸多矛盾,维护社会秩序的稳定与社会和谐。人民安居乐业,社会才能稳定。社会保障制度是缩小收入差距,降低违法犯罪率,进而实现治安治理目标的重要制度之一。学界众多研究都证实了社会保障制度对违法犯罪率的抑制作用,违法犯罪率的恶化与民生支出的弱化表现出明显的一致性。③ 有研究显示,在控制了犯罪率的空间效应后,城市社会保障二元结构的代理变

---

① 王延中主编:《社会保障绿皮书 中国劳动保障发展报告(2017)No.8——社会保障反贫困》,204~207 页,北京:社会科学文献出版社,2017。

② 吉海荣:《转型期犯罪率增长的社会原因探析与刑事政策应对》,载《社会主义研究》,2005(6)。

③ 李晔:《民生支出对犯罪率恶化影响研究——基于 29 个省份的面板数据》,载《理论前沿》,2015(6);毛颖:《民生支出有助于减低刑事犯罪率吗?——来自中国(1995—2008)省级面板数据的证据》,载《南开经济研究》,2011(4)。

量——失业保险未参保率每增加1%,犯罪率将增加0.038%。[①] 低保享受人数每增加1%,犯罪率将减少0.065%。[②] 新型农村合作医疗参合人数对犯罪率的影响显著为负。[③] 有调查显示,在上海,涉案的外来务工人员参加过社会保险的只有15%,其综合保险参保率远远低于其他外来务工人员。[④] 我国社会保障制度的收入再分配功能的效果并不明显。初次分配的失衡已经阻碍社会公平,因此,再次分配的公平性问题更应引起重视,急需国家干预以保证社会分配的公平。因此,应当通过完善社会保障法律制度确保更加公平地分配收入,充分发挥社会保障制度缩小收入差距的作用是社会治安治理的关键。

二、我国社会保障制度的功能分析

社会保障是调节收入再分配的重要工具,完善的社会保障制度可以起到从源头化解矛盾,降低犯罪率,促进社会稳定的作用。然而,与我国城乡二元结构相伴,就业结构也存在城乡之间、城市内部二元分割的问题。我国20世纪50年代开始建立的社会保障法律制度体系根植于计划经济体制,城乡二元结构是其重要特征。城乡二元结构导致相比于城镇居民,农村居民的社会保障水平偏低。在城镇居民内部,不同的职业群体的社会保障待遇水平有明显差别,计划经济模式下的社会保障,以就业"单位"为依据,不同群体享受差别化的社会保障待遇。改革开放以来,社会保障的社会化改革并没有从根本上改变"福利身份化"的特征。

现行的社会保障制度建立在工业经济的基础上,进入信息化时代,随着生产力的提高,社会化生产从依赖机械能发展到依赖智能,这种变革不仅促使收入不平等加剧,也导致风险结构发生变化,新型社会风险逐渐显现,社会保障制度面临更大挑战。标准就业者与非标准就业者在失业保险、工伤保险、生育保险方面的"二元化"也被视为从工业时代向后工业时

---

① 章友德、杜建军、徐吟川:《城市社会保障二元结构与犯罪率——基于227个城市数据的经验研究》,载《世界经济文汇》,2019(1)。

② 杜建军、刘立佳、徐吟川:《低保救助制度对犯罪率的影响分析——基于227个城市数据的经验研究》,载《经济社会体制比较》,2020(3)。

③ 刘博敏、杜建军、汤新云:《新型农村合作医疗制度对犯罪率的影响——基于190个城市的经验研究》,载《社会保障研究》,2020(4)。

④ 蔡永彤、王婧:《上海市外来务工人员子女犯罪问题实证研究——以社会保障制度与犯罪率的互动关系为切入点》,载《中南大学学报(社会科学版)》,2010(4)。

代过渡中的新型社会风险。[①] 信息化时代数字经济的发展催生了新的就业形态,据工业和信息化部数据,从2012年至2021年,我国数字经济规模从11万亿元增长到超45万亿元,数字经济占国内生产总值比重由21.6%提升至39.8%。[②] 灵活就业人数不断增长,国家统计局发布数据显示,目前我国灵活就业人员已经达到了2亿人左右。灵活就业和新业态就业等非传统就业成为普遍的就业方式。据国家信息中心发布的《中国共享经济发展报告(2021)》数据显示,2020年我国共享经济参与者人数约为8.3亿人,其中服务提供者约为8400万人,与平台企业建立劳动关系的就业人员631万人,[③]未建立劳动关系的7769万人。由于我国立法对于劳动者的保护是围绕劳动关系展开的,形成的是劳动关系—劳务关系的二元法律调整框架,因此,未建立劳动关系的7769万灵活就业人员没有被纳入工伤保险、失业保险和生育保险的保障范围。我国新业态的蓬勃发展促使劳动者就业形式发生了深刻改变。灵活就业群体的职业伤害风险、生育风险和失业风险客观存在,他们需要有相应的风险保障。然而,在立法上,灵活就业人员没有被纳入失业保险、工伤保险、生育保险的保障范围。究其原因主要在于,我国现行社会保障法律制度与社会成员的身份密切相关,特别是社会保险制度与劳动关系关联紧密,而新业态下雇佣与被雇佣之间的边界日益模糊。[④] 传统单位保障模式的社会保障制度无法覆盖灵活就业人员。

三、我国社会保障制度功能的法律分析

我国社会保障法律制度的建立在计划经济体制向社会主义市场经济体制的顺利转轨中起到了十分重要的作用。但同时我们也应看到,我国社会保障法律制度依然存在一些问题。根据《社会保险法》第10条和第23条的规定,基本养老保险和基本医疗保险的参保人是全体社会成员,其中公务员、企事业单位的就业人员强制参保,灵活就业人员自愿参保。第二、第三产业从业者参保率虽然逐年增加,但总体并不高。自2000年至2019年,基本养老保险的参保率从28.99%上升至53.73%,基本医疗保险的参

① 孟现玉:《非正规就业者纳入失业保险制度的现实困境与制度调适》,载《税务与经济》,2020(5)。

② 中华人民共和国中央政府,http://www.gov.cn/xinwen/2022 - 07/03/content_5699000.htm.2022 - 07 - 03。

③ 国家信息中心分享经济研究中心:《中国共享经济发展报告(2021)》,http://www.sic.gov.cn/News/557/10779.htm,2021 - 02 - 19。

④ 王立剑:《共享经济平台个体经营者用工关系及社会保障实践困境研究》,载《社会保障评论》,2021(3)。

保率从 7.94% 上升至 41.75%。① 我国现有灵活就业人员 2 亿多人,农民工近 3 亿人,一般以参加城乡居民养老保险为主,且选择最低标准缴费,整体参保质量不高。

根据《社会保险法》第 33 条、第 44 条、第 53 条,《工伤保险条例》第 2 条,以及《失业保险条例》第 2 条的规定,工伤保险、失业保险和生育保险面向公务员之外的全体雇员实行强制参保。换言之,灵活就业群体在三项制度的保障之外。生育保障法律制度直接关系到社会成员的生育意愿。从我国人口结构变化及其趋势看,需要尽快调整生育政策并采取一定的激励措施,生育保障制度也必须加强。

工伤保险法律制度建立的初衷是雇主之间的一种风险保障互助共济机制。因此,保险费由雇主缴纳。对于工伤保险赔偿,世界各国普遍采用无过错责任归责原则。这种制度设计对于工业时代的劳动者的保障是比较完备的。但是,在信息化时代,灵活就业人员逐渐增多,相当一部分群体难以在工伤保险法律制度框架内获得保障。

在社会救助法律制度方面,我国的社会救助法律制度长期以来实行城乡二元制度结构。相关法律法规和政策性文件都是城乡分别设立,如《城市居民最低生活保障条例》(1999 年)、《关于实施农村医疗救助的意见》(2003 年)、《城市生活无着的流浪乞讨人员救助管理办法》(2003 年)、《关于建立城市医疗救助制度试点工作的意见》(2005 年)、《农村五保供养工作条例》(2006 年)、《国务院关于在全国建立农村最低生活保障制度的通知》(2007 年)等,2014 年《社会救助暂行办法》的出台,实现了城乡社会救助的统一立法。但《社会救助暂行办法》仅是一种暂行法规,而且缺乏具体规范,可操作性不强,在社会救助实践中实现全体社会成员获得公平救助的目标仍需立法加以明确。与德国、日本等发达国家的"保障过度"不同,我国社会救助法律制度的主要问题在于"保障不足",从我国的司法实践来看,有部分被救助者主张在履行强制工作义务的过程中基本权利被侵犯,其原因之一在于现有法律法规规定过于原则性,以至于在实际履行过程中出现侵犯被救助者基本权利的情况。因此,在立法中应明确规定注意强制工作措施,并应注意强制工作义务与被救助者基本权利保护二者关系的平衡。②

---

① 何文炯:《数字化、非正规就业与社会保障制度改革》,载《社会保障评论》,2020(3)。

② 王健:《论发展型社会救助制度中的强制工作措施——以欧洲国家的经验为镜鉴》,载《交大法学》,2022(4)。

在社会福利法律制度方面,我国针对不同群体分别立法,制定了《残疾人保障法》《老年人权益保障法》《妇女权益保障法》《未成年人保护法》等相关法律,与社会保险、社会救助分项目保障在衔接上产生了职能交叉、效率损失、福利叠加等问题。

总的来说,我国社会保障制度收入调节作用有限,其症结在于社会保障制度的"碎片化",根源是社会保障法律制度的结构问题,缺乏从宏观上对社会保障立法的统筹规划,社会保障部门立法和地方立法主导,而基本立法缺位,基于"身份"的现行社会保障法律制度具有局限性,社会保障制度分设、地区分割的不公平格局导致运行成本倍增,影响了社会保障制度功能的实现,社会保障制度碎片化导致社会保障调节收入差距的功能没有很好发挥,影响了社会保障的互助共济性。虽然近年来国家不断增加社会保障投入,进行了养老金十年连调,[①]但由于制度的"碎片化"甚至缺失,同一制度内的保障权益尚无法实现公平,不同制度之间更是无法实现公平,更难以起到缩小收入差距的作用。现阶段,社会保障制度"碎片化"导致的不公平问题已经成为影响社会稳定的制度因素,并且制约经济发展。现行基于参保人身份、职业进行分割的多元社会保障制度,存在保障待遇差距悬殊、统筹层次低等问题,不但导致转移流动、制度融合等方面的问题,而且与《宪法》赋予的公民平等享有社会保障权相违背。如果不进行法律制度改革,在信息化时代,社会保障法律制度缺陷的负面效应可能进一步加剧。只有从根本上解决社会保障的碎片化问题,才能充分发挥社会保障制度的功能。因此,应进行结构性调整,即应基于公平的立法理念建立覆盖全体社会成员的统一的社会保障法律制度,并向低收入群体倾斜,切实发挥社会保障在社会治安治理中的作用。

通过以上分析,我们认为,由于社会保障法律制度存在的问题,导致社会保障功能没有得到有效的发挥。尤其是随着信息化时代的来临,法律制度更要适应社会的变化,因此,应完善社会保障法律制度,切实发挥社会保障制度的功能,力求从根本上解决社会治安问题。

---

① 袁涛、仇雨临:《从城乡统筹到制度融合:中国养老保险实践经验与启示》,载《海南大学学报(人文社会科学版)》,2016(3)。

第二章　社会治安治理视阈下典型国家社会保障法律制度变迁及启示

德国和日本重视社会保障立法在市场机制中的调节作用,其社会保障制度的社会治理功能表现较为突出,完善的社会保障法律制度,是确保良好治安状况的根本。纵观全球,许多国家的社会保障法律制度面临着各自的财政或结构问题,这恰恰证明,借鉴经验与适应国情相结合的重要性没有得到足够的重视。① 本书通过回顾德国和日本社会保障法律制度的发展脉络和改革历程,基于社会治理体系现代化的视角,对德国和日本社会保障法律制度进行评析,以期为我国社会保障法律制度的完善提供有益借鉴。

第一节　德国社会保障法律制度

德国社会保障法律制度有 130 多年的历史,始终保持着制度建构上的立法先行,强调互助共济性,注重全民保障,以及法定社会保险在法律的框架内自主经营。根据世界卫生组织发布的《2017 年全民医疗保险报告》显示,在基本卫生服务覆盖率和财务保障两个维度上,德国是指标最高的国家之一。② 这在很大程度上应归功于其完善的治理机制。事实证明,在多数欧洲国家遭受次贷危机和欧债危机重创之时,德国不仅成功稳住了经济,并且保持了强劲的发展势头,作为全国性治理机制的德国社会保障法律制度功不可没。"二战"后,社会保障法律制度成为世界各国社会治理的构成要素。德国的社会保险法律制度成为全国性的治理机制的典范。德国社会保障的再分配功能发挥得较好。2012—2021 年,德国包括养老金的初次分配基尼系数在 0.55 左右,经再分配后的基尼系数下降到了 0.3 左右(图 2-1)。"社会保险的发明是人类重大的社会制度之发明,如同自

---

① ［德］沃夫冈·舒尔茨:《全球政治经济视角下的社会保障:历史经验与发展趋势》,蔡泽昊译,载《社会保障评论》,2017(1)。

② 'Global Health Observatory data repository',world health organization:http://apps. who. int/gho/data/node. main. INDEXOFESSENTIALSERVICECOVERAGE? lang = en. 最后访问日期:2019 年 6 月 13 日。

然科学中蒸汽机、电的发明一样",为全球的经济发展、社会稳定作出了重大贡献。① 剖析德国社会保障法律制度,对我国社会保障法律制度的完善与治安治理体系的现代化具有重要的意义。

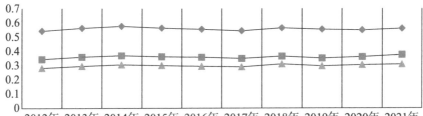

—◆— Gini coefficient of equivalised disposable income before social transfers
(pensions included in social transfers) 包括养老金的初次分配基尼系数

—■— Gini coefficient of equivalised disposable income before social transfers
(pensions excluded from social transfers) 不包括养老金的初次分配基尼系数

—▲— Gini coefficient of equivalised disposable income 再分配后的基尼系数

图 2-1　2012—2021 年德国收入不平等变化:基尼系数

资料来源:欧盟统计局网站。

一、德国社会保障法律制度的建立与发展

历史分析有助于理清德国之谜。德国是现代社会保险制度的发源地,是世界上最早通过社会保险立法实行现代社会保障制度的国家(表 2-1)。19世纪末,德国颁布了三项社会保险法,包括 1883 年的《疾病社会保险法》、1884 年的《工伤事故保险法》、1889 年的《伤残及养老保险法》,这三部法律的颁布被誉为德国社会保障史上划时代的里程碑事件,是系统化社会保险法律制度产生的标志。德国的社会保障法律体系包括社会保险、社会补偿、社会福利和社会救济制度。德国社会保障法律制度的建立首先是从医疗保险肇始,探究社会保险制度发端于德国而非其他工业国的原因,可从其背景窥见一斑。

表 2-1　不同国家的社会保障立法

项目	第一	第二	第三
医疗保险	德国(1883)	奥地利(1888)	瑞典(1891)
工伤保险	德国(1884)	奥地利(1887)	挪威(1895)
养老保险	德国(1889)	丹麦(1891)	比利时(1900)

---

① 郑尚元:《德国社会保险法制之形成与发展——历史沉思与现实启示》,载《社会科学战线》,2012(7)。

续表

项目	第一	第二	第三
失业保险	法国(1905)	挪威(1906)	丹麦(1907)
家庭支持	比利时(1930)	法国(1932)	美国(1935)

资料来源:[德]沃尔夫冈·施罗德、塞缪尔·格里夫:《德国经济发展与社会保障体系建设:历史经验与未来方案》,蔡泽昊译,载《社会保障评论》,2019(1)。

(一)德国社会保障法制定的背景

德国的社会保险起源较早,早在奥古斯丁时期的教会和 12 世纪十字军东征期间的寺院从事了救助患病的人的工作。中世纪,一直存在民间的、以医疗救助为主的慈善组织,北方的"共济会"及南方的教区疾病救济组织的表现最为突出。① 比较典型的是中世纪的矿工自发互助保险,其覆盖疾病、事故、伤残与死亡等方面,由国家管理,部分推行强制性保险,由雇主和雇员共同缴费。1852 年,矿工协会的成员占所有矿工的 83%;1876年,普鲁士共有 88 个矿工互助保险组织,25.5 万名矿工参加了互助保险组织。② 中世纪末期,随着工业化的发展,封建社会的人身依附关系开始瓦解,贫困问题日益显现,为了维持社会稳定,德国的维滕堡推行了维滕堡钱库制度,建立了公共慈善制度。18 世纪末,当英国已经开始工业革命的时候,德国还处在落后的封建社会。1790 年,德国爆发了农民战争,使得封建地主逐渐认识到旧体制已不能继续维持下去了。

19 世纪下半叶,新兴的资产阶级的力量还很薄弱。而此时,德国发生了一系列事件,促进了德国社会的全面进步。1871 年年初,普鲁士国王威廉一世即位。成为德意志帝国皇帝,德国完成统一。同时,在 1870—1871年的普法战争中的胜利,使德国获得了 50 亿金法郎的赔款,为资本主义的进一步发展扫清了道路。第一任首相俾斯麦上台后,加紧军备扩充,带动了德国工业特别是重工业的迅速发展。据统计,"1871—1914 年,德国的生产资料产量上升了 6.5 倍,消费品生产上升了 2.4 倍。煤产量、钢产量分别提高了 7.2 倍、107 倍。"③在工业迅速发展的背景下,出现了大量产业工人需要医疗保障的问题,而此时,原有的行业组织却逐渐解体,政府开始

---

① 赵立新:《德国日本社会保障法研究》,120 页,北京:知识产权出版社,2008。
② 丁建定、谌基东:《试论德国社会保险制度发展的历史先进性及其深层根源》,载《社会政策研究》,2021(3)。
③ 樊亢、宋则行等:《主要资本主义国家经济简史》,252 页,北京:人民出版社,1984。

承担社会保障的任务。1794 年,普鲁士王国通过的民法中规定了救济贫民的原则。1839 年,在产业工人工资收入法中,宣布建立疾病、死亡救济基金,并授权地方政府推行疾病保险。1849 年,修正《普通工商业法则》时,首次规定了医疗保险缴费的比例,并出现了强制性的互助医疗保险机构。与此同时,工人阶级在工业发展中力量不断壮大,开始了工人运动和社会主义运动,工人组织工会反对雇主和普鲁士王国,甚至在俾斯麦提出国家计划之前,商界领袖就意识到发展"疾病基金"符合他们自己的利益。上述一系列的事件最终促使了德国社会保险法的颁布。

在俾斯麦执政初期,德国是一个落后的国家,尤其落后于英法等国。19 世纪晚期,德意志帝国的社会冲突愈来愈激烈,为了缓和社会矛盾,平息工人运动,避免工人进行社会主义革命,也为了瓦解工人群众的各种自发组织,包括互助互济的基金会,俾斯麦认为建立社会保险体制比单纯镇压的方式好,因此,德意志帝国被迫走上了建立强制性社会保险法律制度的道路。也就是说,实际上是德国工人阶级与统治阶级的斗争促进了社会保障立法的发展。在立法过程中,地区精英们认为,他们被以俾斯麦为总理的独裁政府威胁,俾斯麦是以军国主义、强权和镇压著称的总理。国家和地区力量之间发生冲突,最终双方均作出妥协。社会保险基金虽然是国家授权的,但由地区自治组织管理。1881 年 11 月,德皇威廉一世发布了建立社会保险的救告,指出要解决社会问题,不能仅通过镇压的方式,还要改善工人福利,并宣布这是做皇帝的职责。工人因患病、事故、伤残和年老而出现经济困难时应得到保障,他们有权得到救济;工人保障应由工人自行管理。1883 年颁布的《疾病社会保险法》标志着德国开始了由国家大规模构建社会保险法律体系的时期。德国的社会保险是以国家立法为基础的强制性互助共济。① 尽管实施社会保险制度是出于政治目的,但通过改善工人的健康状况、减少旷工、降低工伤发生率,有效地提高了劳动生产率。社会保险法律制度对劳资矛盾的调和立见成效,社会保险制度实施后德国工业化进程明显加快,对德国经济发展起到了促进作用。而医疗保险法之所以成为德国首个社会保障立法是因为疾病社会保险法草案保留了非正式的医疗保险传统的核心特征,易于被接受;疾病和职业伤害是劳工面临的首要问题,恢复工人劳动能力具有现实紧迫性;循序渐进立法的考虑。②

---

① 何文炯:《数字化、非正规就业与社会保障制度改革》,载《社会保障评论》,2020(3)。
② 华颖:《德国医疗保险自治管理模式研究》,载《社会保障评论》,2017(1)。

(二)德国社会保障法的理论基础

德国新历史学派(New-German Historical School)从调解劳资矛盾的角度出发,指出国家应通过立法,建立社会保险制度。德国新历史学派产生于19世纪70年代,其主要代表人物有瓦格纳、施穆勒等。他们反对亚当·斯密主张资本主义自由放任的思想,提倡国家福利的社会保障思想,主张劳资合作,充分发挥国家的干预调节作用。德国新历史学派主要社会保障思想如下。

首先,德国新历史学派认为,当时德国最严重的社会矛盾是劳资矛盾,要通过社会政策安抚劳动阶级。他们认为劳资冲突不是经济利益上的对立,而是教养和思想上的差距。因此,要对工人进行教育,改变其伦理道德的观念,以解决劳资冲突。因此,可以说,德国新历史学派并没有从根本上找到劳资矛盾的症结所在,也没有创造实现社会平等的条件。

其次,德国新历史学派强调国家在干预经济方面的重要作用,主张国家应通过立法,推行社会保险制度。他们认为应该扩大国家公共职能的范围,国家的职能不仅在于稳定社会秩序、发展军事实力,还应直接干预经济生活。国家应负起调节劳资矛盾的责任,通过国家建立的社会保险制度,规避劳动者因意外事故产生的风险。国家应通过立法,自上而下地进行改革。

新历史学派的产生与当时的社会背景密不可分。当时德国社会正处于工业化迅猛发展的背景下,需要稳定并且不断扩大的劳动力队伍,而德国新历史学派理论正是主张通过建立社会保险法律制度,缓和尖锐的劳资矛盾,创造相对稳定的社会环境,目的是稳定劳动力队伍。新历史学派的出发点主要是解决当时德国的劳资矛盾,虽然其社会保险理论仅仅是实现这个目标的一种手段,但客观上还是起到了增进工人福利的作用。其主张被俾斯麦政府接受,在此理论基础上,德国于1883年颁布了世界上第一部《疾病社会保险法》,1884年的《工伤事故保险法》和1889年的《伤残与养老保险法》也是世界上最早的社会保障立法。德国新历史学派的主张,是德国首先实行社会保障制度的理论基础,也成为其他西方资本主义国家建立社会保障制度的重要思想基础。"德国社会思想理论发展的系统性指导着社会保险制度沿着德国特色的、适应时代的道路发展,从而强化了德国社会保险制度发展的历史先进性。"①

（三）德国社会保障立法沿革

1. 德国成为现代保险法律制度的首创国家

德国的《疾病社会保险法》于 1883 年 6 月 15 日颁布,1884 年 12 月 1 日生效。这部法律规定:一是建立强制保险模式,除农业工人之外,所有的产业工人必须参加,保障范围扩大到其家庭成员;二是建立独立于政府的医疗保险基金会等自治组织;三是明确保险受益人的权利和义务,保险费由雇主和工人各支付 1/3 和 2/3,参保人在患病时由保险基金支付医疗费和药费。1884 年 6 月通过的《工伤事故保险法》规定,对发生工伤事故的所有工人提供必要的经济补偿。至此,德国约有 1000 万人在各种健康保险基金内获得保险。②

俾斯麦卸任之后,威廉二世比俾斯麦时期更注重保护劳动者。1911 年,《疾病社会保险法》《工伤事故保险法》《伤残及养老保险法》三部社会保险法被合并为《帝国保障制度》。该法典取消了地方政府社会保险基金,将其转移给了地方疾病基金和新成立的州社会保险基金。同年,农业和林业工人、临时工等也被纳入社会保险中。标志着德国建立起了标准统一、覆盖城乡居民的社会保险法律制度。

2. 魏玛共和国时期的社会保障法律制度

魏玛共和国时期,对最初的社会保障立法进行了修改。修改的原因在于,随着政治、经济、社会环境的变化,工人阶级要求更多的社会权利以及民主权利。这一时期,德国进行了一系列社会保障立法,包括:1906 年的《军官养老法及士兵抚恤法》;1907 年的《遗属救济法》;1916 年的《为祖国义务服务法》,规定工人委员会为工厂中必须依法设置的组织;1918 年的《工人保护令》《失业救济令》《劳动时间法》《团体协约法》。此外,1919 年颁布的《魏玛宪法》第 161 条明确规定了社会保险权,"为保持健康及工作能力,保护产妇及预防因老年和疾病所导致的生活困难,联邦应该建立综合社会保险制度"。之后,德国又相继颁布了 1920 年的《工厂会议法》;1922 年的《工作介绍法》《工业法院法》《家庭劳动法》《劳动扩张法》《劳动仲裁法》《儿童保护法》;1923 年的《残疾救助法》;1924 年的《公共救助法》

---

① 丁建定、谌基东:《试论德国社会保险制度发展的历史先进性及其深层根源》,载《社会政策研究》,2021(3)。

② 和春雷等:《当代德国社会保障制度》,125 页,北京:法律出版社,2001。

《失业救济法》;1926 年的《劳动法院法》;1927 年的《职业介绍法》《失业保险法》;1930 年的《经济代表组织法》;1931 年的《志愿工作法》;1932 年的《义务劳动法》。这一时期,德国社会保障立法速度明显加快。1883—1918年,德国平均每年通过 1 部社会保险立法;1919—1932 年,德国平均每年通过 6 部社会保险立法,其中 1921 年通过 12 部,1922 年通过 21 部,1923 年通过 16 部。① 这些立法使得社会保险制度的覆盖面扩大,标准有所提高。残疾保险中被保险人的子女津贴增加;工伤保险中被保险人子女可以获得工伤保险津贴 10% 的补贴;医疗保险中被保险人家属可以得到全面的保障;养老保险中被保险人死亡家属的养老金标准也有所提高;工伤保险中职业病种类也有所增加;失业保险制度也是在这个时期立法,1927 年《职业介绍法》和《失业保险法》出台。

在社会救济和社会补偿领域立法方面,1924 年颁布的《帝国救济义务条例》和《关于公共救济前提、种类和范围的帝国基本原则》是最早的全德国统一的社会救助法。② 可以说,社会补偿法律制度源自德国。1871 年,德国颁布《军队优抚法》(*Gesetze zur Militärversorgung*),为统一征战中受难的陆军和海军军人提供补偿。1920 年,德国颁布《帝国优抚法》(*Reichsversorgungsverordnung*),由国家财政为"一战"中伤亡的军人提供医疗、就业优待及养老金,并贯彻职业军人与其他军人待遇平等原则。《战争受害者补偿法》(*Kriegspersonenschädengesetz*)将《帝国优抚法》中的医疗救治待遇照搬到了普通公民群体,这标志着社会补偿制度正式建立。

希特勒上台后,为了战争的需要,社会保障立法也有一些发展,1934年的《建立社会保险体系法》中规定了关于医疗保险基金组织、基金筹措和监督措施的改革的具体措施。在这一时期最重要的改革措施就是 1941年开始实施的《养老抚恤者法定医疗保险条例》,根据该条例的规定,法定保险费用的收缴任务转移给了医疗保险基金。

3. 第二次世界大战后的德国社会保障法律制度

第二次世界大战以后,许多发达的资本主义国家都把建立福利国家作为国家发展方向之一,德国也不例外。与其他国家不同,德国既没有采纳

---

① 丁建定、谌基东:《试论德国社会保险制度发展的历史先进性及其深层根源》,载《社会政策研究》,2021(3)。

② 喻文光:德国社会救助法律制度及其启示——兼论我国行政法学研究领域的拓展,载《行政法学研究》,2013(1)。

英国式"从摇篮到坟墓"的国家福利保障制度,也没有接受美国式的完全市场化的保险制度,而是建立了社会保险制度模式。① 随着国家经济的发展,联邦德国的社会保险制度也得到了发展和完善。1949,联邦宪法强调人人平等,这种思想主导着德国的战后重建。这时的社会保障与俾斯麦时期有所不同的是,个人的福利比国家福利重要;而且没有了阶级特征。德国重视社会保障法的实施,1953 年 9 月颁布了《社会法院法》,规定社会法院专门负责社会保障争议等案件的审理。德国的社会法院为三审制,分为基层社会法院、州社会法院和联邦社会法院。德国社会法院的建立使德国社会保障司法与立法形成良性循环。1955 年,德国开始进入老龄化社会,护理保险立法逐步开展。1957 年,养老保险由积累制改为现收现付制,为扩大养老保险的覆盖面,颁布了《农民老年救济法》,该法将农民养老纳入社会保障。自 20 世纪 60 年代起,《疾病保险所联合会新条例》《保险所医生权利新条例》《养老金领取者疾病保险新条例》陆续颁布,蓝领工人和白领工人都被纳入社会保险之中。此外,德国于 1969 年颁布了《劳动促进法》;1972 年又颁布了《退休改革法》,自由职业者、家庭妇女也被纳入养老保险制度之中;1983 年颁布了《文艺工作者社会保险法》。

　　历经多年发展,德国社会保险立法越来越庞杂,为了使相关法律系统化,1954 年 6 月通过决议,开启了社会保险法的法典化的进程。至 20 世纪 70 年代开始社会法典编纂之时,德国已经颁布实施了 800 余部相关法律,编纂难度之大,可以想象。德国编纂社会法典的过程,同时伴随着社会保障法律制度改革的进程。

　　德国社会保障法律制度为参保人提供了比较全面的保障,但产生的问题也不容忽视,费用的过快增长,加之人口老龄化,使得改革势在必行。为提高医疗保险效率,抑制保险费用的过快增长,德国颁布了一系列法律。如 1977 年 6 月的《第一次疾病保险费用控制法》;1981 年 12 月的《第二次疾病保险费用控制法》《医院医疗费用控制法》;1988 年的《健康改革法》,次年该法被并入《社会法典》第五卷,详细规定了医疗保险主体的权利与义务;以及 1989 年的《养老金改革法》。

　　社会补偿和社会救助领域的立法在这一阶段也有所发展。1950 年颁布了《联邦优抚法》(*Bundesversorgungsgesetz*),1952 年颁布了《战争损失补偿法》,1957 年颁布了《军人优抚法》(*Soldatenversorgungsgesetz*),[2]1961 年

---

① 姚玲珍编著:《德国社会保障制度》,163～165 页,上海:上海人民出版社。2011。
② 娄宇:《论社会补偿权》,载《法学》,2021(2)。

颁布了《联邦社会救助法》,用于预防贫困。

4. 德国统一与社会保障法律制度

1990 年两德统一是世界政治历史中的一项重大事件。社会保障法律制度在两德顺利统一的过程中发挥了重要的作用。两德的《关于建立货币、经济和社会联盟条约》中明确规定,按西部地区的原则在东部地区实施养老、疾病、事故和失业保险制度,并实行社会救济制度。这一制度的实施,为统一后最初几年东部地区局势的稳定、缓解社会冲突起到了十分关键的作用。[①] 1990 年 6 月 28 日通过了《养老保险合并法》(*Rentenangleichungsgesetz*),通过立法明确统一后的东德将建立与西德均等的养老保险法律制度。养老保险、医疗保险、工伤保险、失业保险、社会救助等领域的法律条文庞杂,为了能顺利实施社会保障相关立法,立法给予德国东部地区各级政府 3 个月的时间熟悉新法律法规及制度建设。在统一的最初几年,社会保障领域的转移支付起到了降低社会风险的重要作用。1991—1994 年,社会保障领域总计向德国东部各州转移支付费用高达 2406 亿马克,其中 1065 亿马克来自社会保险内部,社会保险经办机构的转移支付占比为 44.2%;1341 亿马克则来源于德国联邦税收,占比约为 55.8%。[②]

两德统一后,统一实行西德的社会保障法律制度,问题也随之而来,财政赤字不断增长,收入分配差距较大,国内不同地区之间经济社会发展不平衡。从 20 世纪 90 年代开始,德国医疗保险立法进行了一系列的改革。主要改革措施是通过扩大法定医疗保险的覆盖面,加强机构间的竞争,控制成本,提高法定医疗保险的运行效率,建立以法定医疗保险为主导的,多层次的医疗保险体系。1993 年《医疗护理结构法》颁布,该法案通过引入竞争机制,达到提高医疗保险体系效率的目的。1996 年至 1997 年,颁布了《医保费率减免条例》,1998 年出台了《进一步加强法定医疗保险机构互助法》,改变单纯控制成本的改革思路,更加注重引入市场化手段,吸引社会资金。为了扩大养老金筹资规模,减少支付,1992 年和 1999 年《养老金改革法》将退休年限从 60 岁推迟到 65 岁,妇女及伤残者推迟到 63 岁,并规定了提前退休要削减给付待遇。在养老金计算中加入"人口因数",降低养老金替代率。[③]

---

① 罗秀妹:《两德统一后联邦政府为整治东部地区采取的重大举措》,载《世界经济文汇》,1996(2)。

② 刘涛:《德国统一进程中的社会保障制度》,载《社会保障评论》,2021(5)。

③ 丁纯:《德国社会保障体制的现状与改革》,载《国际经济评论》,2000(Z2)。

自 19 世纪 70 年代以来,德国人口老龄化问题日益凸显,由人口老龄化衍生出的社会救助问题,导致德国政府财政承受了较大压力。1994 年,德国颁布的《长期护理保险法案》规定了"护理保险跟随医疗保险原则",被保险人的无职业配偶、同居人、受抚养子女无须缴费,随原被保险人投保,具有与原被保险人相同的保险待遇及保险期限,实现了制度上的全覆盖。20 世纪的社会保障改革中,德国在养老保险法、事故保险法、失业保险法、医疗保险法等领域进行了十余次较大规模的根本性改革和调整,直至 1995 年社会护理保险法的颁布,形成了社会保险法律制度的五大支柱。[①]

5. 重建和巩固阶段的社会保障法律制度

20 世纪末,德国失业率居高不下,社会保障的缴费率从 20 世纪 70 年代的 26% 增长到了 1998 年创纪录的 42%。[②] 社会保障法律制度改革迫在眉睫。1999 年 6 月,时任德国总理施罗德与时任英国首相布莱尔共同提出《欧洲社会民主党人的前进道路》。[③] 2003 年,施罗德政府向联邦议会提交了《革新德国:联邦政府保障就业、增长和社会稳定的未来计划》,[④]该方案主张降低社会福利、强调个人责任,以达到增加就业,降低税收,促进经济发展的目的。2003 年 3 月,施罗德政府又推出了以社会保障和劳动力市场为核心的总体改革方案"2010 议程"。[⑤] 根据 2003 年 12 月 24 日出台的《第四项劳动力市场现代服务法案》(民间简称为 Hartz Ⅳ),改革的出发点在于通过降低福利以促使失业者重返职场,其核心是将具有就业能力的失业者的失业救济金和社会救助金合并为失业金Ⅱ(Arbeitslosgeld Ⅱ),失业者领取失业保险金Ⅰ(普通失业保险)的时间缩短为一年,之后只能领取失业保险金(哈茨Ⅳ救济金,即合并之前的失业救济金和社会救济金),其金额以"仅可度日"为标准,作为寻求工作者的基本保障(Grundsicherung fur Arbeitssuchende)。《联邦社会救助法》于 2005 年 1 月 1 日起被并入《社

① 张敬思:《论德国社会保障法律制度及其对中国的启示》,载《经济经纬》,2009(3)。

② 朱宇方:《新工业革命背景下德国福利国家制度变革研究》,载《同济大学学报》,2020(6)。

③ SPD. Der Weg nach vorne für Europas Sozialdemokraten, http://www. glasnost. de/pol/schroederblair. html,1999 - 06 - 08.

④ Deutschland Presse und Informationsamt, Zukunftsprogramm Deutschland erneuern Entscheidungen fuür die Sicherung von Arbeit, Wachstum und sozialer Stabilitat, Bonn Presse und Informationsamt der Bundesregierung, 1999, http://www. worldcat. org/title/zukunftsprogrammdeutschlanderneuernentscheidungenfurdiesicherungvonarbeitwachstumundsozialerstabilitat/oclc/76033137.

⑤ Deutscher Bundestag, Stenografischer Bericht 32. Sitzung. https://dserver. bundestag. de/btp/15/15032. pdf,2003 - 03 - 14.

会法典》第十二卷。该法典第十二卷规定了社会救助的目的是帮助自助者,社会救助的原则是辅助性原则,即个人尽自己的行动或力量仍无法保证有尊严的生存时,才能够申请社会救助,救助费用来源于国家财政收入。社会救助的对象,主要是没有就业能力的人,即不能完成每天至少 3 小时的就业劳动的社会成员。

德国于 2001 年颁布了《老年人财产法》《老年人财产补充法》,这些法律推行的里斯特养老金计划,目的是建立多支柱的养老保险体系,鼓励补充性私人养老保险产品,政府对签订私人退休养老金合同的公民给予补助。2002 年出台的《老年收入法》将原来的按照保险来源定义的三支柱模式,即法定养老保险(GRV)、企业养老保险(bAV)和私人养老产品(Private Vorsorge),按照不同种类的养老保险所起作用以及不同的税收政策划分为三层次养老金体系(表 2-2)。2004 年颁布的《法定养老保险可持续发展法》目的在于减缓缴费率、替代率的过快增长,根据上述两部法律,德国开始推行吕鲁普养老金个人自愿投保的商业养老金,可享受税收优惠。2007年出台的《法定养老保险退休年龄调整法》规定了延迟法定退休年龄,由原来的 65 岁改为 67 岁。2014 年联邦议院通过的《法定养老保险改进法案》与近 20 年来的一系列紧缩性养老金改革不同,这次改革提高了部分参保者的养老金待遇水平。

表 2-2　德国三层次的养老金体系

层　　次	内　　容	法　律　依　据
第一层次	享受税收优惠的基础养老金: 1. 法定养老金; 2. 吕鲁普养老金(可享受大比例退税)	《老年收入法》(2002 年)、《法定养老保险可持续发展法》(2004年)、《退休收入法》(2005 年)等
第二层次	享受税收优惠的补充养老金: 1. 企业年金; 2. 里斯特养老金	《老年人财产法》《老年人财产补充法》(2001 年)、《企业年金法》(2002 年)等
第三层次	无税收优惠的个人自愿储蓄型养老保险	

德国医疗保险方面的配套改革体现在增加自费部分的比例。德国医疗保险制度改革更加关注医疗保险体系结构的调整,以及对医疗保险机构的规范,先后颁布多项立法,包括《指导价格调整法案》《药品支出

预算恢复法案》《法定医疗保险机构风险补偿结构改革法》《医保费率稳定法案》等数十部法律法规,进一步完善医疗保险法律制度体系。德国医疗保险改革强调医疗保障中政府、企业和个人的责任平衡,克服收入不平等,改善劳动力市场效率。2004 年 1 月 1 日起实施的《法定医疗保险现代化法》,主要目标是提高医疗保障的经济效率和质量,取消了1996 年的《医保费率减免条例》中关于国家财政对部分药品实行货币补贴的规定,避免了开具处方时的补贴类药品的选择倾向,政府与医疗保险机构、医保服务提供机构达成自我约束医保开支的目标责任协议,发挥其自我管理的作用,并且改变了补牙和病假补贴的筹资方式,控制医保费用的赤字问题。[①] 2006 年,德国财政额外补贴高达 42 亿欧元,医疗保险机构入不敷出,不得不再次进行改革。[②] 2007 年《法定医疗保险——强化竞争法》开始实施,此次改革的主要的目标是:实现全民医保;立法限定最高药价;改革融资方式;成立国家性质的法定医疗保险机构联合会。2011 年再次进行医疗保险改革,将全德国法定医疗保险的保费支付比例统一为 15.5% 。在医疗保险法律制度建构的过程中,其覆盖面逐渐扩大(表 2-3)。

表 2-3　德国医疗保险法律制度覆盖人群发展情况

年份	覆 盖 人 群
1854	矿工
1883	蓝领工人(盐场、加工厂、有色金属工厂、铁路公司、船运公司、造船厂、建筑公司、贸易公司、发电厂),工匠,受雇于律师、公证员、执行官的人员,工业合作组织
1885	运输工人
1892	金融办公室人员
1911	农业和林业工人、保姆、钟点工
1914	公务员
1917/1918	失业人员
1919	公共合作部门以及私有合作部门的雇用人员,具有受雇用工作部门能力的人员,自身没有收入者的妻子和儿女

---

① 徐清:《德国福利制度降成本的逻辑、政策与启示》,载《现代经济探讨》,2018(6)。

② 包世荣:《国外医养结合养老模式及其对中国的启示》,载《哈尔滨工业大学学报(社会科学版)》,2018(3)。

续表

年份	覆 盖 人 群
1927	海员、教育及社会福利机构的工作人员
1930	所有重要依附人员
1938	助产士、从事护理和保姆工作的自由职业者
1941	退休人员
1953	难民和受到驱逐的人、严重残障者
1957	生理残障者
1972	自由农业工人
1975	学生、所有残障人员
1981	艺术人员、评论作家

资料来源:姚玲珍编著:《德国社会保障制度》,166 页,上海:上海人民出版社,2011。

二、对德国社会保障法律制度的评析

德国是世界上第一个由国家直接对个人的生存保障承担责任的国家,是社会保险制度的典范,首创了社会问题与风险的预防治理机制。[1]社会保障制度在德意志统一和两德统一中都发挥了重要的社会治安治理功能。进入 21 世纪,在多数欧洲国家遭受金融危机重创的同时,德国不仅成功稳住了经济,并且保持了强劲的发展势头,不得不承认社会保障法律制度改革起到了非常重要的作用。法国哲学家、历史学家福柯认为,德国的社会保险立法是一种理论上的创新,是政治科学。[2]受德国社会保障立法的影响,1890—1911 年欧洲各国纷纷开始建立统一的社会保障法律制度。在此期间建立老年残疾保险法律制度的有丹麦、奥地利、英国等 16 个国家;建立疾病生育保险法律制度的有比利时、瑞士、英国等 9 个国家;颁布工伤保险法律制度的有波兰、法国、意大利等 37 个国家;建立失业保险法律制度的有英国、法国、挪威、丹麦等 9 个国家。[3]俾斯麦首创的社会保险型社会保障法律制度得以被大多数欧美国家效仿,并且形成"制度竞争"的趋势和格局,原因在于其独辟蹊径,以现代国家

① 刘继同:《欧美社会福利立法典范的制度演变与历史规律》,载《甘肃政法学院学报》,2017(5)。

② ［法］米歇尔·福柯:《安全、领土与人口》,钱翰、陈晓径译,283 页,上海:上海人民出版社,2010。

③ 林丽、田伟平:《社会保险》,20 页,北京:法律出版社,1996。

之力应对社会政治问题,进而实现对社会的良好治理。① 西方社会福利国家建立在其经济高速增长的阶段,在经济增长速度放缓时,市场经济与社会福利国家之间对立的理论被提出,以考夫曼为代表的学者反对该理论并指出,社会保障并不是市场经济的负担,而是必要补充,社会保障保证了人力资源的产生和维持,而人力资源作为人力资本也共同决定着经济的成本核算,社会保障制度有助于使人们相信自己是在一个比较公正的社会中生活,同时社会保障也是重要的社会治安治理工具,面对全球化的趋势,德国的社会保障法律制度是德国经济区位的资源。经济增长速度放缓时的问题不再是对增长进行分配,而是在停滞甚至缩减的公共预算的范围内对紧缩进行分配。实践证明,仅仅通过削减开支克服经济停滞,或者通过基本保障措施的私有化来解决问题的效果并不理想。就德国的情况而言,出发点应当是对社会关系的市场调控、政治调控和社团调控之间日益成熟的联系和在长期的适应和协调过程中由此产生的信赖,是解决问题的重要资源。社会保障法律制度改革要通过相互协调一致的改革循序渐进地进行。②

(一)社会保障制度建构上的立法先行

德国社会保障法律制度已建立了 130 多年,其鲜明特点就是立法先行、以法定制、依法实施。德国社会保障制度的改革和调整亦是以法律修订为先行,通过立法构建总体运作模式,保证了社会保障制度的公信力和执行力。德国社会保障制度通过不断修法,以适应社会发展,1883 年颁布的《疾病社会保险法》作为世界上第一部社会保障立法迄今已进行了 100 多次修订。德国医疗保险法律制度坚持了理性且合理的劳资缴费各半、劳资自治管理的传统,显示了建制之初的科学性,但对有关保险范围等则会根据社会变化进行不断的调适。③ 与英国供给型的保障形式不同,德国采用的是保险型的保障体系,政府主要是运用其公权力建立社会保障机制。德国社会保障立法中最重要的是《社会法典》,该法典第一卷主要规定了德国法定保险体系的构成、基本权利与义务;第二卷规定了求职者基本保险;第三卷规定了失业保险;第四卷规定了社会保险的共同规定;第五卷规

①　陈兆旺:《通过福利国家实现的社会规约与国家治理——基于英、德、美三国实践的比较研究》,载《学术月刊》,2022(5)。

②　[德]弗兰茨-克萨维尔·考夫曼著:《社会福利国家面临的挑战》,王学东译,165～169页,北京:商务印书馆,2004。

③　郑功成:《中国社会法:回顾、问题与建设方略》,载《内蒙古社会科学》,2020(3)。

定了医疗保险;第六卷规定了养老保险;第七卷规定了意外事故保险;第八卷规定了儿童与青少年救助;第九卷规定了残障人救助;第十卷规定了社会管理诉讼程序和社会数据保护;第十一卷规定了护理保险;第十二卷规定了社会救助。德国社会保障体系由社会保险制度(Sozialversicherung)、社会救助制度(Sozialhilfe)、社会补偿制度(Sozialentschädigung)、社会促进制度(Sozialförderung)构成。其中,社会保险处于核心地位,社会救助处于辅助地位。

(二)强调社会保障的互助共济性和可持续性

德国的国家社会保险强调互助共济性,重视全民保障,社会保障立法既是政治妥协的结果,也是社群主义价值观的成功贯彻。[①] 虽然德国社会保障法律制度多次进行改革,但是社会保障的互助共济性贯彻始终,德国采用的现收现付模式具有代际收入再分配功能,在社会收入分配上注重二次分配中的社会公平,充分运用社会保障制度实现不同地区的均衡发展及对弱势群体的保障。德国社会保障立法的规定既体现了社会保障制度的互助共济性,又重视其可持续性。德国社会保障法律制度进行了多次扩张性与紧缩性相交替的改革,体现了权利和义务相对应。尤其是进入 21 世纪后,德国失业率居高不下,社会保障的缴费率不断攀升,德国社会保障福利性的发展趋势是不断处于下滑状态的,而法定退休年龄则一再地被提高。社会保障制度所要体现和实现的价值和功能都要建立在该体系可持续发展的基础上,为此德国立法建立起了多层次的医疗保险体系,主要包括法定医疗保险、法定护理保险、私人医疗保险,以及特殊人员的医疗服务制度,主要针对政府公务员。法定医疗保险的参保人在德国有住所或长期居住于德国,并且月收入没有超过收入上限的,其无工作的配偶及子女可以纳入家庭联保。法定医疗保险是政府采取强制手段,以居民的收入为依据确定是否参保,凡是收入低于强制参加法定医疗保险的收入上限的居民,除参加其他类型医疗保险的人员,比如公务员,都必须参加法定医疗保险,医疗保险承办机构也必须接受投保,保费由政府主管部门与各方协商制定,参保人和承办机构无权选择。德国医疗保险立法规定了强制参加法定医疗保险的个人收入上限标准,每年适当调整。2020 年的上限年收入为 62 550 欧元。收入低于这个标准的德国居民必须参加法定医疗保险。

---

① Christa Altenstetter: "Insights From Health Care in Germany", *American Journal of Public Health.* Jan2003, Vol. 93 Issue 1, pp. 38 - 44.

收入超过强制参加法定医疗保险收入上限的居民,可以自愿选择参加法定医疗保险或私人医疗保险。此外,已经参加法定医疗保险的参保人可以同时参加补充私人医疗保险。法定护理保险是在法定医疗保险基础上分离出来的专门针对需要定期护理的人员的医疗保险制度,覆盖全体社会成员。除此之外,特殊人员的医疗服务主要是指针对公务员、警察、战争受害者等特殊群体提供的福利性医疗服务待遇,该群体人数约占总人口的2%,医疗费用直接由政府从预算中划拨。目前,德国全民医疗保险计划被提上议事日程,该计划的目标是实现全体国民都强制参加统一的法定医疗保险计划,私人医疗保险作为补充,取代原有的法定和私人医疗保险双重体系。这一计划意味着更高的效率和更公平且更高质量的保险福利。

(三)社会保障法律制度以公平为核心价值理念

德国社会保障法律制度从建制初期以社会控制为核心价值,强调缓和劳资矛盾、维护政治统治和社会稳定功能的怀柔之术转变为当前以社会公平为核心价值,强调维护个人权益与社会团结的重要社会制度。① 随着德国社会保障立法的完善,其覆盖面逐渐扩大,不因身份、职业、性别和地域而有所不同。各项社会保险法规中都明确规定了该险种的义务参保人,其他社会成员均可自愿参保。养老保险由1891年的只有工人参保,到1913年扩大到管理阶层,到1938年扩大到手工业者,再到如今覆盖所有受雇劳动者。医疗保险也是如此,立法规定,缴费采取工资税的形式,强制向雇主和雇员同时征缴。医疗保险参保人从蓝领工人到白领工人,从雇员到其家庭成员,从非农就业者到农民。没有加入医疗保险的居民仅有0.7%,主要是私人创业者和无法成功申请医疗保险的特殊人员。② 基于公平原则,部分特殊群体在缴费方面有特殊的规定,医疗保险参保人缴费仅由其收入决定,与其年龄、性别、身体状况、家庭成员的数量等无关,农民、学生等也加入到法定医疗保险中,没有收入的居民不需要支付保险金。全体参保人享受的医疗服务不因缴费的多少而不同。德国特殊的缴费政策实现了实质公平,但是对社会保障制度可持续性构成了挑战。国家作为社会保险制度的担保人对社会保险基金进行补贴,这样既确保了社会保险在资金方面的可持续性,也实现了社会保险的收入再分配功能。德国政府对法定养老

---

① 鲁全:《德国的社会保障制度与社会公平》,载《中国人民大学学报》,2009(2)。
② 姚玲珍编著:《德国社会保障制度》,137页,上海:上海人民出版社,2011。

保险给予大量补贴。1960—2000 年,德国西部财政补贴比例由 27.3% 增至 28.7%;1991—2000 年,德国东部财政划拨的比例由 23.3% 提高到 32.2%。1993—2013 年,政府补贴占养老保险收入的比例由 20.58% 增加到 25.04%。[①] 德国社会保障法律制度是实现社会公平的重要机制,重视代际公平、区域公平和群体间公平。例如,立法规定了对从事家庭劳动的女性给予社会保险补贴,降低了男性与女性在社会保障待遇方面的不平等程度。[②] 德国社会保险的区域公平突出地体现在两德统一的进程中,1990 年 6 月 28 日,《养老保险合并法》明确规定,自 1992 年 1 月 1 日起德国东部、西部适用同一养老金法。

(四)法定社会保险在法律的框架内自主经营

法定社会保险在法律的框架内自主经营的特征始终没有改变,但不断在改革中加入新的理念。在俾斯麦时期的社会保险立法之前,德国就已存在行业性、地方性的互助机构,顺应历史传统与国情,德国现代社会保险制度建立在已存在的自治性质的分散保险组织基础上。法定社会保险自主经营,管理机构是独立于政府的公法法人,由劳资双方的代表按照相同的比例组成,并接受国家的监督。以医疗保险为例,联邦政府的医疗保险法律实施机构主要有联邦卫生部和联邦社会保险局,联邦卫生部负责医疗保险立法和制定实施改革措施,并对医疗保险机构进行监督。联邦社会保险局按照法律制定有关行政规章,并直接监督隶属联邦的医疗保险疾病基金会和私人健康保险公司。多样化的医疗保险需求促使医疗保险机构具有多样性,社会保险经办机构有七大类全国性组织,包括区域性医疗保险基金会、行业医疗保险基金会、企业医疗保险基金会、海员医疗保险基金会、农业医疗保险基金会、联邦矿业医疗保险基金会以及互助性保险基金会。为便于自主管理,德国建立起了功能齐全的组织,包括工会、雇主组织、被保险人协会等。德国法定医疗保险经办机构呈现不断合并的趋势。自 1996 年,德国政府允许参保人自主选择医疗保险基金,加强基金之间的竞争,并且促进了医疗保险的透明度。《社会法典》第五卷中关于法定医疗保险的规定,包括组织机构、筹资方式、运作方式、监管机构等内容。私人医疗保险机构与参保人之间是合

---

① 杨斌、丁建定:《发达国家养老保险制度中财政责任的基本经验及启示》,载《经济纵横》,2019(10)。

② 鲁全:《德国的社会保障制度与社会公平》,载《中国人民大学学报》,2009(2)。

同关系,在法律规定的范围内,双方协商保险费用,保险机构在法律的约束下自由竞争。与法定医疗保险不同,私人医疗保险的保险费与投保风险密切相关。

第二节　日本社会保障法律制度

日本是亚洲贫富差距最小的国家之一,2018 年日本再分配后的收入基尼系数仅为 0.334,低于美国和英国等西方发达国家。[①] 这与其完备的社会保障立法密切相关,日本是亚洲国家中最早建立社会保障法律制度的国家。日本在社会保障制度改革的过程中,面临与我国相似的问题。日本全民社会保障制度改革与我国城乡一体化社会保障制度建立的背景也具有诸多相同点。[②] 通过比较分析发现,中国人口结构转变过程与日本十分相似:[③]在人口老龄化方面,2018 年年底,我国 65 岁以上老年人口的比例为 11.9% ,与 1990 年日本 65 岁以上老年人口的比例相差无几,且变动趋势近似。[④] 因此,日本社会保障制度改革为我国社会保障法律制度的建构提供了可资借鉴的经验。

一、日本社会保障法律制度的建立与发展

(一)日本社会保障法律制度的建立

日本社会保障法律制度的起源可追溯至明治维新时期,1875 年,日本设立"恩给"制度,制定了《海军归隐令》《陆军恩给令》和《官吏恩给令》,建立了由中央政府财政支持、对退役军人和官吏支付老年生活费的制度,这是日本养老保险制度的萌芽。[⑤] 1874 年首部《济贫法》颁布。1884 年施行的《文官恩给令》,将文官纳入保障范围。1890 年颁布的日本《军人恩给法》,实现了军人的恩给制度的一体化。明治维新以后,日本开始大力发展资本主义,伴随着日益尖锐的劳资矛盾,社会保障立法工作被提上议事日

---

① OECD,https://data.oecd.org/inequality/income-inequality.htm#indicator-chart.2022 - 09 - 16.

② 李盛基、吕康银、朱金霞:《中日农村医疗保险制度比较研究》,载《当代经济管理》,2014(9)。

③ 睢党臣、程旭、吴雪:《人口结构转变、人口红利与经济增长——基于中日两国的比较》,载《经济体制改革》,2020(5)。

④ 封婷:《日本老龄政策新进展及其对中国的启示》,载《人口与经济》,2019(4)。

⑤ 杨斌、丁建定:《发达国家养老保险制度中财政责任的基本经验及启示》,载《经济纵横》,2019(10)。

程,1905 年颁布的《矿业法》和 1911 年颁布的《工厂法》规定,在工厂和矿山工作的工人一旦出现工伤或死亡,可以获得赔偿和资助。在民间,部分企业内部也出现了一些由企业主发起的共济组合。此后,1922 年的《健康保险法》、1923 年的《恩给法》、1929 年的《救护法》、1931 年《劳动者灾害扶助法》、1938 年的《国民健康保险法》、1941 年的《劳动者年金保险法》、1942 年的《工人养老保险法》、1944 年的《厚生年金保险法》等也相继颁布。

日本于 1922 年制定的《健康保险法》是亚洲第一部医疗保险法,该法原定于 1924 年正式实施,后因关东大地震推迟到 1927 年。《健康保险法》规定的参保人主要是大型工矿企业和其他行业的劳动者,大型工矿企业劳动者必须参保,其他行业的劳动者自愿参保。但该法案遭到了雇主和雇员双方的抵制。对企业主来说,该法案的强制保险费用负担重,而且将体现雇主个人关怀的企业内保险强制纳入健康保险,削弱了雇主的管理职能;对工人来说,法案规定的理赔程序复杂且理赔困难,保险支付金额也比较有限,而且规定工作时间内发生的意外须由个人负担并不合理。此后,该法案先后经过三次修改,于 1938 年被《国民健康保险法》《船员保险法》和《职员健康保险法》取代。《健康保险法》是在日益突出的劳资矛盾和工人运动的背景下,为了保证社会稳定而进行的尝试,对行业有明确的要求,并且对企业规模也进行了严格的限制,其后虽然由 10 人以上的企业扩大到 5 人以上的企业,但覆盖面仍然非常有限。

1939 年出台的《职员健康保险法》主要面向银行业、商业等服务行业的工作人员;《船员保险法》则主要对船员患病、年老、伤残、死亡等情形予以保障。借鉴《船员保险法》,1941 年《劳动者年金保险法》正式颁布,该法案规定的强制参保的主体是 10 人以上规模的企业的劳动者,其他劳动者可以自愿参保。有学者认为,该法案的出台是为了吸收民间购买力,解决通货膨胀引起的财政危机。也有学者指出,其意为筹措军费。[①] 该法案实施不久,大量妇女因战争不得不进入企业工作,现实需要对原有法案进行修改。1944 年,修正法案更名为《厚生年金保险法》,覆盖范围扩大,包括体力劳动者、白领职员和劳动妇女。《工人养老保险法》于 1942 年实施,这项立法的一个动机便是在战时为工业投资积累资本。

① 权彤:《战后日本养老保险法律制度的变迁研究》,47 页,北京:人民出版社,2017。

（二）日本全民社会保障法律制度的建立

20 世纪 30 年代爆发的农业危机,使农户的收入锐减,农民健康状况恶化,缺乏医疗保障,而此时,《健康保险法》的作用逐渐开始显现,日本政府开始考虑农民的医疗保险问题。经过历时 5 年的探索,《国民健康保险法》于 1938 年颁布,其覆盖对象包括农民和个体经营者,可以自主选择是否参保。1941 年,日本对法案进行了修改,将原来的自愿参保改为强制参保。到 1943 年年末,95％的地区设立了国民健康保险组织,基本实现了国民皆保险的目标。《国民健康保险法》实际上是为了应对战时兵源等一系列问题而出台的,因此,该法案将《健康保险法》没有覆盖的农民和个体经营者纳入强制保险。

战时日本医疗保险法律制度包括两个系统,一是《健康保险法》调整的医疗保险法律关系,参保主体是大型企业的体力劳动者;二是《国民健康保险法》调整的医疗保险法律关系,参保主体是农民和个体经营者等。这种基于行业和地域划分的医疗保险法律体系,条块分割严重且标准不统一。加之战争导致医疗保险法律制度的社会信任度降低,参保人数明显下降。因此,战后原有的医疗保险体系难以为继,全民医疗保险改革被提上日程。日本通过立法明确国家负担全部医疗保险事务费用和20％的疗养保险费用,1951 年开始增设国民健康保险税,希望通过税收的方式提高保险费的征缴率。

日本战败后,在美国的扶持下,迅速制定并实施了《公共救助法》（1946 年）、《工会法》（1947 年）、《劳动关系调整法》（1947 年）、《儿童福利法》（1947 年）、《失业保险法》（1947 年）、《劳动基准法》（1947 年）、《工伤补偿保险法》（1947 年）、《身体残障者福利法》（1949 年）、《生活保护法》（1950 年）、《国家公务员灾害补偿法》（1951 年）、《社会福利事业法》（1951）、《母子福利法》（1964 年）等,逐步建立起工伤保险、失业保险、社会救助、社会福利等法律制度。尤其是 1946 年颁布的《宪法》第 25 条规定,"全体国民都享有健康和文化的最低限度的生活的权利,国家必须在生活的一切方面为提高和增进社会福利、社会保障以及公共卫生而努力",确立了国家建立和完善社会保障制度的宪法义务。①

1955 年,厚生省成立的"七人委员会"通过实证研究,提出解决医疗保险财政赤字的关键在于扩大医疗保险的覆盖面。随后,政府制订了完善

---

① 田思路:《日本"社会法":概念・范畴・演进》,载《华东政法大学学报》,2019（4）。

社会保障法律制度的方针,1957 年,厚生省制订了扩大国民健康保险覆盖面的 4 年计划。1958 年,《国民健康保险法案》正式颁布,该法案要求,至 1961 年 4 月,所有的国民都必须加入医疗保险。这一法案的实施为所有国民平等享受医疗服务奠定了基础。[①] 虽然日本《国民健康保险法案》规定全体国民都加入医疗保险体系,但是并没有建立起全体参保人平等的、统一的医疗保险法律制度,而是根据行业、企业规模、工作性质等将参保人划分到不同的医疗保险机构,缴费金额和服务内容亦各不相同。可以说,这一时期的日本医疗保险法律制度实施情况职域性特征显著。[②] 为减少制度间的保障水平的差距,厚生省专门设立了社会保险厅统筹制度安排。

1959 年,日本颁布《国民年金法》,1961 年国家养老保险制度开始实施,实现了公共养老保险的全覆盖。该法规定,20 岁至 60 岁的国民必须加入国民年金体系,由国家、企业和个人共同承担国民年金保险费,国库负担总额的 50%。除国民年金外,还有厚生年金和共济年金作为补充养老保险。1959 年颁布的新《国家公务员共济组合法》,实现了国家公务员社会保障制度一体化,确立了以社会保险为筹资方式的职域社会保障制度框架。

1963 年制定的《老年人福利法》推行社会化养老,规定特别养护老人院制度化。1970 年出台了《农业者年金基本法》,20 岁至 55 岁参保国民且一定土地规模以上的农业经营主强制加入,其他适合一定条件的社会成员可以自愿参加,2002 年实施的改革后的《农业者年金基本法》改为自愿参保。[③] 1974 年,日本将《失业保险法》更名为《雇佣保险法》,除了给予原有的失业保险制度失业补助的功能外,主要目的在于变消极保障为积极预防失业,扩大雇用机会,进而谋求改善劳动者的福利状况。

由于日本从 1970 年开始进入老龄化社会,故根据《老年人福利法》推行的老年人免费医疗制度很快就造成了巨额财政赤字,加之石油危机爆发,政府不得不调整医疗保险支付水平。20 世纪 80 年代后,日本经济持续低速增长,社会保障法律制度改革迫在眉睫。1983 年实施的《老人保健法》将老年人免费医疗制度修改为个人须承担部分医疗费。1984 年《健康

---

① ［日］工藤征四郎:《日本的医疗制度》,陈小梅、黄富表译,载《中国康复理论与实践》,2013(1)。

② 这一时期的日本医疗保险具有职域性特点,即根据所属行业、企业规模、工作性质不同将参保人划分到不同的医疗保险机构,制度间保障水平有差异。

③ 宋金文:《日本农业者年金制度的困境和出路》,载《现代日本经济》,2004(6)。

保险法》改革,取消行业和雇用人数的限制,将所有的受雇人员都纳入医疗保险法调整的范畴,消除了受雇人员医疗保险待遇不公的问题。《健康保险法》的被保险人退休后,则需加入国民健康保险,这一规定遭到很多人反对。为此,日本于1984年建立了退休人员医疗制度,健康保险内承认了特殊退休被保险人。在覆盖不同群体的7个制度中设置了统一的第一层次(基本养老金),公共养老金加入了成本调整机制,提高了被保险群体之间的公平性。

日本的养老保险制度在建立之初并没有实现全国统一,而是按照不同的参保类型分为不同的保险制度。但在实施的过程中,这种模式逐渐出现管理混乱、互助共济性差等问题。因此,日本于1985年对《国民年金法》进行修改,将国民养老金的覆盖面进一步扩大,建立了统一的公共养老金制度,实现了公共养老金制度的公平性、合理性。《养老金修改法》规定,国库对国民养老金补贴的比例为1/3,对民间企业养老保险补贴的比例为20%,对公职人员养老保险补贴的比例为15.85%。1987年《老人保险法》的改革,增加了患者负担费用的比例,消除了各保险制度因年龄构成不同导致的负担差异问题。

1995年,日本颁布了《老龄社会对策基本法》。在人口老龄化的趋势下,财政问题和家庭护理难题日渐凸显出来,日本借鉴德国、卢森堡等国家建立的护理保险制度,积极地通过制度建构解决以上难题。长期护理保险与医疗保险很难区隔,如此一来,医疗保险对由"失能"导致的长期护理费用的负担能力有限。因此,需将长期护理保险从医疗保险制度中剥离出来,以降低医疗费用。

1997年,日本制定了《护理保险法》,建立了独立的护理保险制度,长期护理保险法治化。2000年,日本开始实行护理保险制度,其目标是使老年人能够独立生活。[①] 至2017年,日本先后对长期护理保险制度进行了5次修改。

(三)制度危机与日本社会保障法律制度改革

20世纪90年代后,日本国民收入持续低增长,长期低利率和过度借贷政策导致的经济泡沫在1990年崩溃,人口老龄化趋势不断加剧,与此同时,日本社会的收入差距拉大,社会保障法律制度改革再次被提上议事日

---

① ［日］佐藤孝弘、高桥孝治:《日本护理保险法修改及其存在的问题》,载《社会保障研究》,2015(4)。

程。1990 年,日本 65 岁以上的老年人占总人口的 12.1% ;1995 年,这一占比上升至 14.6% ,2000 年达 17.4% ,2005 年超过了 20% 。根据日本总务省 2019 年的数据显示,截至 2019 年 9 月,日本 65 岁及以上人口在总人口中占比为 28.4% ,70 岁以上的老龄人口占比在 2017 年为 19.9% ,2018 年首次突破 20% ,达到 20.7% 。日本厚生劳动省称,日本老年人口比例居世界首位。

在人口老龄化压力下,日本面临劳动力不足、医疗保障费用膨胀等亟待解决的问题。日本医疗保险制度改革主要采取提高老年患者的负担标准的方式,解决医疗保险面临的财政危机,并注重代际公平。[1] 1996 年颁布的《看护保险关联法案》规定个人负担部分费用,并确保各代人之间的负担公平。1997 年开始主要对健康保险法和医疗法进行改革,2001 年厚生劳动省发布《医疗保险制度改革的课题与视点》,明确了医疗保险制度的改革目标之一,即医疗费的代际间及制度间的公平负担。2002 年起,日本从制度调整入手对医疗保险制度进行改革;2003 年颁布的《健康增进法》,通过一系列旨在增强国民体质的措施,如扩大禁烟场所、控制食盐摄入量等,最终达到控制医疗开支的目的。

2004 年通过的《年金改革相关法案》提出逐步上调财政对国民养老金补贴的比例,直至 2009 年将国库对国民养老金的补贴比例提高到 1/2。2006 年,65 岁以上老年人的医疗支出占全部医疗支出总额的 51.6% 。日本建立的新的老年公共医疗保险计划,效果并不理想。[2] 2008 年《高龄者医疗保险法》规定,对 75 岁以上老年人医疗费进行单独结算,同时废止老人保健制度和退职者医疗保险制度。2007 年颁布的《年金机构法》规定,2010 年成立年金机构,取消社会保险厅。2010 年出台的《国民年金法》修改案,将养老金保费的补交时间由 2 年延长到 10 年,根据该法,当年有 40多万人摆脱 65 岁之后没有养老金的状况。[3] 2012 年的《年金功能强化法案》将厚生年金的覆盖范围扩大到每周工作 30 小时以上的非正式劳动者,并确定从 2014 年起基础年金的国库负担比例固定在 50% 。对于厚生年金保险,政府财政负担所需资金的 1/3。2012 年,日本又颁布了《年金生活者

---

[1] 代际公平理论发展早期主要集中于可持续发展战略领域,着眼于不同代际之间公平使用自然资源问题。随着人口老龄化问题不断凸显,人口结构的改变所带来的抚养比的改变,引发了不同年龄组之间的社会保险代际公平问题。

[2] T Ihori,R R Kato,M Kawade,Health insurance reform and economic growth:simulation analysis in Japan[J]. *Japan and the World Economy*,2011(4):227—239.

[3] 丁英顺:《日本人口结构变化与养老金制度改革》,载《国外理论动态》,2019(8)。

支援给付金法案》,对 65 岁及以上老年人和残障人给予福利性帮助。2016
年,日本又进一步扩大了厚生年金的覆盖面,规定在规模 501 人以上的企
业中,每周工作 20 小时以上、月收入在 8.8 万日元以上的非正式劳动者也
可以加入厚生养老金和健康保险。由于厚生年金和共济组合制度间的不
公平问题备受争议,日本政府经过长期的讨论,最终于 2015 年 10 月 1 日
将国家公务员共济年金合并至厚生年金,实现了养老保险制度一体化,但
医疗保险及工伤保险等仍保留在职域性保障。2017 年,日本再次修改《国
民年金法》,将国民养老金领取的年限由原来的需参保 25 年以上减少到
10 年以上,64 万人根据法案的修改获得养老金领取资格。2020 年《养老
金制度修订法》出台,进一步扩大了厚生年金和健康保险的覆盖面,逐渐推
迟了养老金的领取时间:原则上是从 65 岁开始领取,但可以提前到 60 岁,也
可以推迟到 65 岁到 70 岁之间领取,根据领取时间不同对养老金数额进行相
应的上浮或下调。

随着日本社会收入差距的拉大,接受最低生活保障的人数不断增加,
为了抑制不正当领取生活保护费的行为,2013 年日本政府秋季临时国会
通过了《生活保护法修正案》(2014 年 4 月施行)、《生活贫困者自立支援法
案》(2015 年 4 月施行),进一步完善了最低生活保障法律制度。2011 年地
震中,为救助灾民,日本简化了《灾民生活重建支援法》中所规定的补贴支
付手续。日本还于 2014 年 1 月颁布了《儿童贫困对策法》,以消除儿童贫
困、实现教育机会均等。为解决财政问题,防止公共医保制度被违规利用,
2015 年 5 月,参议院通过了医疗保险制度改革关联法案,该法案规定,自
2018 年起,将医疗保险的运营主体由现在的市町村转移到都道府县中,并
阶段性提高健康保险工会的负担金额。2019 年 5 月,参议院厚生劳动委
员会通过了《健康保险法》修正案,该修正案规定可适用健康保险的抚养
亲属原则上仅限日本国内的居住者。

二、日本社会保障法律制度评析

日本社会保障法律制度经过不断的调整和完善,取得了较好的社会治
理效果,社会保障制度使人们能够应对年老、疾病、残障、伤亡,尤其是贫困
风险,促进了社会稳定。[①] 迄今为止,日本的社会保障重视的仍然是养老
保险、医疗保险、长期护理保险等与老年人密切相关的社会保障项目。据
世界经合组织的统计数据,自 2015 年至 2018 年,日本健康支出占国内生

---

① ［日］小野太一:《日本社会保障的历史发展与当前问题》,载《社会保障评论》,2019(3)。

产总值的份额持续保持在 9.1%,①2018 年社会保障支出占国内生产总值的 21.9%。② 据世界卫生组织发布的《全民健康覆盖情况追踪:2017 年全球监测报告》显示,在基本卫生服务覆盖率和财务保障两个维度上,日本是指标最高的国家之一,③其社会保障比较全面。总的来说,日本社会保障法律制度有以下几个特点。

(一)社会保障制度运行中的立法先行

日本社会保障制度的建立和发展的特征与典型国家的立法实践具有相似性,即立法先行,由全国性立法机构进行立法,为避免区域间的不公平,日本通过立法实现全体国民社会保障权利平等,④社会保障各个环节都受到了严密的法律制约,根据法律规定实行多元管理模式,进行分权管理,社会保险纠纷在通过社会保险管理机构的裁决之后,才能提起诉讼,促进了社会保障运行的公正性,各机构在指挥中心的统一调度下高效运行。社会保障立法的完整性与具体化,以及与社会发展相适应的法律修订,使社会保障制度在法治轨道上运行。⑤ 例如,截至 2022 年 4 月,《国民年金法》先后修订了 152 次。⑥ 相关法律中设置了责任条款,例如,《护理保险法》规定,长期护理等级及费用审查机构工作人员、保险设施的经营者如违反法律将被追究刑事责任。日本通过立法实现多层次社会保障体系。例如,根据《国民年金法》《日本农业者年金法》的规定,农民养老保险第一层次是强制性的国民年金,第二层次是自愿参保的农业者年金。

(二)法律制度改革始终基于公平的立法目的

日本市场收入基尼系数从 1962 年的 0.39 上升到了 2017 年的 0.56,然而再分配后收入的基尼系数,始终保持在 0.34 ~ 0.38 之间。⑦ 对此,社

① 参见世界经合组织网站,https://data.oecd.org/healthres/health-spending.htm#indicator-chart.

② 参见世界经合组织网站,https://data.oecd.org/socialexp/social-spending.htm.

③ 追踪全民健康覆盖:2017 年全球监测报告[Tracking universal health coverage:2017 global monitoring report]日内瓦:世界卫生组织和世界银行;[2017]许可协议:CC BY - NC - SA 3.0 IGO.

④ Ryozo Matsuda. Public/Private Health Care Delivery in Japan;and Some Gaps in"Universal"Coverage. *Global Social Welfare*,2016(3):201 - 212.

⑤ 华颖:《典型国家医疗保险立法及其启示》,载《内蒙古社会科学》,2020(3)。

⑥ 曹斌、于蓉蓉:《日本加强农村社会保障制度体系建设的实践研究》,载《现代日本经济》,2022(4)。

⑦ 日本厚生劳动省. https://www.mhlw.go.jp/toukei/list/dl/96 - 1.html.2022 - 09 - 16.

会保障法律制度建设功不可没。日本社会救助制度建立之初确立了对所有国民的平等救助。《生活保护法》第 2 条规定："所有国民,只要符合本法规定的要求,可以无差别平等地根据本法律接受保护。"社会救助内容比较全面,包括生活扶助、教育扶助、住房扶助、医疗扶助、护理扶助、生育扶助、生业扶助和葬礼扶助。为了实现制度间的公平,日本于 2015 年 10 月 1日将国家公务员共济年金合并至厚生年金,实现了养老保险制度一体化,但医疗保险及工伤保险等仍保留着职域性特征,不同群体根据不同的社会保障立法享受不同的社会保障待遇。国家公务员在因公务或通勤中的意外的工伤保障主要依据《国家公务员意外补偿法》确定。针对日本自卫官的特殊性,日本自卫官的工伤之外的医疗保障主要依据《防卫省职员工资等相关法律》及《防卫省职员工资等相关法律施行令》确定。日本医疗保险依职业或地域进行分类保险,既包括以《健康保险法》《船员保险法》等各种互助组织法为基础而形成的保险,也包括以《国民健康保险法》为基础而形成的地区保险,国民健康保险以农村居民和城市个体工商户为被保险人(表 2 - 4)。《国民健康保险法》与《健康保险法》对被保险人的保障不同,主要表现在两个方面:其一,国民健康保险对需要健康保险的被保险人抚养的人,也给予保险给付。被抚养人从民事法律关系和实际生活关系两方面来确定。包括没有收入维持生活的被保险人的直系尊亲属、配偶、同居者、子孙及弟妹;与被保险人共同生活且没有生活来源的三等亲以内的亲属、同居配偶的父母和子女等。而健康保险不对被抚养人进行保险给付。其二,健康保险的被保险人享受疾病治疗时的休假及补助,国民健康保险则不存在这一保障功能。虽然日本没有对所有国民实行统一的制度,但是不断地为实现社会保障公平的目标而努力。为了缩小健康保险与国民健康保险制度间的差距,日本通过立法的方式,提高国民健康保险待遇,降低健康保险待遇水平,通过反复论证,立法改革,实现制度公平。1972年在老年人免费医疗制度改革之前,不同制度间的参保人的保障水平存在较大的差异,免费医疗制度使不同的参保人获得了基本相同的保障水平的医疗保险,1982 年《老人保健法》实施后,所有的参保人不论通过何种保险制度参加医疗保险,其保障水平基本一致。1984 年施行的退休人员医疗制度的目的,在于保持退休前后的保障水平一致。2008 年《高龄者医疗保险法》的目的之一即实现制度间的公平。日本的医疗保险的公平公正,在总体上更加强调代际间负担和给付均衡。[①]

表 2-4　日本医疗保险制度概况

名　称		依据法律	适用范围	主管单位
健康保险	全国健康保险协会掌管健康保险	《健康保险法》	中小企业员工本人及其抚养、赡养的家属	全国健康保险协会
	同业组织掌管健康保险		各企业、集团、同行业各部门	同业组织
	国家公务员、地方公务员等参保的互助组织	《国家公务员互助同业组织法》《地方公务员等互助同业组织法》	公务员	
	私立学校互助同业组织	《私立学校教职员等互助同业组织法》	私立学校教师与职员	互助事业团体
	全国健康保险协会掌管的船员保险	《船员保险法》	船员本人及其抚养、赡养的家属	全国健康保险协会
国民健康保险	国民健康保险	《国民健康保险法》	个体经营者、没有加入健康保险的 5 人以下规模的私营企业雇员、无业者、农民、自由职业者	地方政府
	同业组织国民健康保险		获得法律认可的同行业私营企业团体	国民健康保险同业组织
老年医疗保险	后期高龄者医疗保险	《确保高龄者医疗相关法律》	满 75 岁之日起从以前参保的医疗保险过渡到后期老年医疗制度保险	都道县府的后期高龄者医疗广域联合会

资料来源:[日]工藤征四郎:《日本的医疗制度》,陈小梅、黄富表译,载《中国康复理论与实践》,2013(1)。

---

① [日]菊池馨实:《社会保障法制的将来构想》,韩君玲译,70~73 页,北京:商务印书馆,2018。

（三）社会连带理念是社会保障法的基本理念

日本法学界通常以《宪法》第 25 条规定的生存权为基础阐述社会保障法的理念，认为国家是社会保障的责任主体，而公民是接受给付的客体，这样就导致无法解释由被保险人缴纳保费的社会保险法律关系。因此，社会连带理念被引入社会保障法。① 现代社会保障法的目标是通过社会成员间的互助共济实现的，责任的主体既包括国家，也包括公民和相关团体。社会保障立法所体现的社会连带，突破了职业、地域的限制，是"国民"连带，包括在日本合法居留的外国人也必须加入，对没有收入的具有合法居留资格的外国人，可享受保险费减免，每年只缴纳几千日元的保险费，即可享受国民健康保险待遇。日本社会的保险制度重视建立覆盖全民的基本保险，医疗保险是强制性的，参保人数多既可增强基金的互济性，又可将"冒用"等现象降低到最低程度。日本社会保障立法强调国家责任，政府基于法律规定应当承担财政补贴的义务，养老保险补贴在 20%～50%，医疗保险补贴大约占医疗保险费用总额的 1/3。② 日本医疗保险的制度间的财政调整，是通过设置保险人及国家、地方间的公法上的权利义务关系而实现的。通过公法义务的承担实现财政调整。③

第三节　德、日等国家社会保障法律制度对我国的启示

不可否认的是，我国的社会保障制度改革是成功的，起到了维护社会稳定、保障国民基本生活的作用，但是目前社会保障法律制度仍存在一些问题，如不抓住机遇尽早解决，未来可能需要更大的投入。虽然，中国与德国、日本等国在发展阶段和社会制度等多方面存在不同，比如，德国法定医疗保险自主经营，是因其国情和历史传统，这与我国国情相去甚远。但是，我国与德国、日本等国一样，都面临着在经济全球化的时代背景下发展经

---

① 所谓社会连带，是指社会中人与人之间的一种相互作用、相互依赖的关系。社会连带主义法学认为，人在社会中结成一种既分工又合作的关系，即"社会连带关系"，国家有义务组织公民在社会保险契约框架内的互助共济。

② 闫斌、韩继亮、杨俊毅：《德国、日本和印度农村医疗法律保障制度的经验及启示》，载《世界农业》，2014(4)。

③ 李文静：《高龄化背景下老年人医疗保险之立法因应——日本老年人医疗保险立法之考察》，载《比较法研究》，2013(3)。

济和增强竞争力,以及应对人口老龄化等挑战。我国在社会保障制度改革的过程中面临的问题,有些与德国、日本社会保障法律制度改革中面对的问题具有相似性,如人口老龄化,医疗保险费用膨胀等。德国、日本的社会保障制度改革为我国社会保障法律制度的完善提供了可资借鉴的经验。包括德国、日本在内的世界几大经济体,都已建立了完备的社会保障法律制度。而我国现行社会保障法律制度在一定程度上已经不能适应社会治安治理的要求,因此,德国、日本的社会保障制度的历史演变过程与发展规律可为我国社会治安治理体系现代化提供丰富的历史启迪和借鉴意义。我们可以在立足国情的前提下,在一定程度上借鉴德国、日本社会保障法律制度的探索和取得的经验,通过科学的顶层设计走向定型,建立和健全社会保障法律制度。

一、重视社会保障制度在社会治安治理中的作用

西方学者始终认为,通过收入和财富的分配调节,可以得到社会认可的"公平"或"公正"的分配,社会保障改革等方式可以调节收入差距,化解社会矛盾,促进社会稳定。德国、日本等发达国家通社会保障法律制度改革调节收入差距,最终分配逐渐成为社会保障中社会救助的延伸和补充。有学者通过对主要发达国家和我国的相关数据进行对比,发现在德国、日本等6个OECD中具有代表性的发达国家宏观收入的初次分配中,政府、企业和居民平均占比约为10%、40%和50%,最终分配格局中三者平均占比约为10%、20%和70%,而同期我国政府、企业和居民在宏观收入初次分配格局中占比约为15%、25%和60%,最终分配格局占比分别约为19%、20%和61%。[①] 2005—2016年德国初次分配基尼系数在0.55左右,日本初次分配基尼系数在0.35~0.5之间,经再分配后的基尼系数均下降到了0.3左右。公平、科学的社会保障法律制度体系是德国、日本社会稳定、经济持续增长的重要原因之一。根据国家统计局公布的数据,近些年我国基尼系数都在0.46以上,属于收入差距较大国家,地区之间、城乡之间、行业之间,以及行业内部收入分配差距较大。[②]

战后德国的社会保障支出占GDP的比重不断变化,1945—1960年为低

---

① 年猛:《全球主要发达国家宏观收入分配格局特征、成因及政策启示》,载《当代经济管理》,2019(3)。

② 韩文龙、陈航:《政府收入再分配调节职能的履行——基于不同市场经济模式的经验解读及启示》,载《人文杂志》,2019(8)。

于20%,1961—1975年达到26.3%,1976—1989年降为24.6%,1990—2002年由25%上升至29.5%,从2000年开始,社会保障支出占GDP的比重一直保持在25%左右。[①] 德国各级政府财政投入占医疗保险体系资金支出的比重不断增加,1960—2010年,德国的医疗保险资金投入从占国民收入的7.5%增长到11.5%。[②] 相比于德国、日本等国,我国社会保障支出占GDP的比重从原来大约是德国等发达国家的1/4,上升到大约1/3,[③]总体呈上升趋势,支出总额虽然不断增长,但是占GDP的比例较低(表2-5)。以医疗保险为例,2009年至2018年十年间,我国医疗保险资金的支出总额占国民收入的比重从0.8%增长至1.9%。德国和日本的社会保障体系中,社会保险制度在社会保障给付中占比较大,在收入再分配中发挥着主体作用。2014年德国的社会保险支出占整个社会保障支出的2/3。在2020年日本的社会保障给付中,养老金占45.5%,医疗保险占32%,护理保险占9.7%,其他社会保障项目共占12.8%。

表2-5　中国、德国、日本2007—2014年社会保障支出占GDP的比重(%)

年份 国别	2007	2008	2009	2010	2011	2012	2013	2014
中国	5.9	6.8	7.0	7.04	8	9.4	10	11.5
德国	24.09	24.22	26.67	25.92	24.66	24.56	24.76	24.85
日本	17.71	18.72	20.9	21.26	22.29	22.23	22.16	22.91

数据来源:OECD数据库、中国国家统计局。

　　日本最低生活保障制度和社会福利制度的资金来源于国家和地方自治体的财政收入,其收入再分配作用最直接、最明显。在养老保险法律制度的设计中,国民年金定额给付,根据相关数据进行计算,厚生年金按薪酬缴纳保险费,中高收入者缴纳的保险费约为低收入者的2倍到3倍,领取时缩小到1.5倍至1.9倍。国民年金和厚生年金共同实现了养老保险的收入再分配的目的。日本医疗保险按照职业适用不同的法律,为了实现制度间的公平,由公共财政进行补贴,大约占医疗费的四成,并依据参保人不同投入有所区别。除此之外,还建立了个医疗保险制度之间的资金调剂。医疗保险财政投入和资金调剂向老年人倾斜。除此之外,由于日本地区间

　　① 　[德]沃尔夫冈·施罗德、塞缪尔·格里夫:《德国经济发展与社会保障体系建设:历史经验与未来方案》,蔡泽昊译,载《社会保障评论》,2019(1)。

　　② 　阳秋林、郭丹:《中德社会保障体系的比较及经验借鉴》,载《中国财政》,2013(16)。

　　③ 　景维民　裴伟东:《国家共享水平测度——中国与发达国家的比较》,载《社会科学》,2019(7)。

存在差异,社会保障还起到了调节地区收入再分配的作用。① 日本的经验也证明了随着经济发展,初次分配在减少收入差距方面发挥的作用越来越弱,而社会保障制度的作用则日益凸显。

　　日本社会保障制度发展的历史表明,尽早建立统一的社会保障法律制度能有效减轻深度老龄化阶段的经济压力。中国应吸取日本少子高龄化对社会保障的影响和教训,在老龄化程度日益加深的情况下,尽快完善社会保障法律制度。截至 2020 年年底,我国基本养老、基本医疗、失业、工伤保险参保人数分别达到 9.99 亿人、13.61 亿人、2.17 亿人、2.68 亿人,城、乡最低生活保障人数分别为 805 万人、3621 万人。但是,制度的公平性尚欠缺。可以考虑借鉴德国、日本的经验,建立起城乡一体化的、统一的社会保障法律制度,继续扩大社会保障的覆盖面,所有参保人均应按统一标准缴纳保费,并享受相同的待遇。这不但可以在全社会范围内分散社会风险,还可以使全体公民感受到公平,进而实现社会治安治理的目标。诚然,我国地区间经济发展尚不平衡,保费负担能力存在较大差距,短时间内实现社会保险全国范围内的统筹还存在很大的障碍,但可以先在各地区进行统筹,再逐步实现全国统筹。在制定统一的社会保障立法难度比较大的情况下,可以首先制定养老保险、医疗保险、工伤保险、失业保险、社会救助等单项立法,明确主体的责任。

　　社会连带理念是日本社会保障法的基本理念,日本的法律制度改革始终基于公平的立法目的。当下,我国社会保障法律体系仍然在逐步健全的过程中,不同社会保障法律制度间尚未形成互助共济,阻碍了风险的分散,且保障水平差距大。考虑到德国和日本社会保障法律制度改革的经验,我们应加快立法进程,在社会保障立法中应更注重公平,加强社会保障立法中的法律责任立法。

　　"回顾人类历史,不难发现一些具备社会保障要素的制度,这表明社会保障是人类的内在核心需求之一。"② 通过对德国、日本社会保障法律制度的剖析,我们发现,政府在社会保障制度完善的过程中承担更多的责任和义务,德国、日本等国政府通过立法明确了政府对社会保障的财政义务,建构了完备的社会保障法律体系,加大财政资金在促进社会保障等基本公共

_____

① 王伟:《日本社会保障调节收入再分配的路径与效应分析——以社会保险为中心》,载《日本学刊》,2020(6)。

② [德]沃夫冈·舒尔茨:《全球政治经济视角下的社会保障:历史经验与发展趋势》,载《社会保障评论》,2017(1)。

服务领域的投入力度,增加对贫困人口、困难居民等重点扶持群体的转移支付水平。作为准公共产品的社会保障,需要政府的积极支持。法治政府的内涵包括责任政府,社会保障立法的责任主体包括中央政府和地方政府。目前,各级政府对社会保障的财政补贴具有随意性,不利于保障水平的稳定,因此,应通过立法明确政府补贴义务,使补贴的数额等有法律依据。

二、建立完备的社会保障法律体系

纵观世界各国,社会保障制度的一大特色就是立法先行,社会保障制度改革以法律法规为依据,才能使社会保障制度运行规范有序。自 19 世纪末起,德国政府不断通过立法完善社会保障制度,努力实现社会保障制度法典化。从德国社会保障的发展历程来看,社会保障发展的各个环节都有相应的立法支撑。日本社会保障法律体系健全,体现在社会保障各个环节都有相应的法律制约。例如,日本《国民年金法》《国民医疗保险法》实行强制性原则,所有国民都必须加入。与德国、日本不同,我国社会保障改革是通过渐进的制度改革逐步推进的,改革过程中试点先行、由点到面,导致模式林立的局面。我国虽然进行了多年的社会保障改革,但在立法方面目前只有一部专门性的《社会保险法》,且主要是指导性的条文,可操作性不强,社会保障制度运行缺乏法律的支撑与制约,导致基金筹集困难等问题,迫切需要立法保障,改变过去的主要依靠政策性文件为依据的状况。应在现有法律法规的基础上,整合并制定各单项立法,在总结实践经验的基础上建构社会保障法律体系。

虽然方式不同,包括德国、日本在内的大多数经济合作与发展组织国家和地区都已经建构了长期护理保险法律制度。部分国家采取医疗保险的方式,如日本、德国、韩国;也有国家采取税收的方式,如瑞典。OECD 国家长期护理制度的覆盖范围不同,全民都能享受该制度的有瑞典、比利时、捷克、丹麦、德国、冰岛、日本、韩国、卢森堡 9 个国家,其他国家则无全国统一的长期护理制度。[①] 德国的医疗保险制度包括医疗保险、护理保险等。德国是世界上第一个建立长期护理保险法律制度的国家。德国于 1994 年出台了《长期护理保险法案》,根据该法,参加医疗保险的参保人,也需参加社会长期护理保险,由雇主和雇员共同缴费。除社会长期护理保险

---

① ［日］小岛克久:《日本经济发展与社会保障:以长期护理制度为中心》,载《社会保障评论》,2019(1)。

外,还设有商业长期护理保险,未参加医疗保险的群体、高收入群体可以购买商业长期护理保险。在德国,参加社会长期护理保险的人数占比超过90%。日本于1997年开始施行《护理保险法》,长期护理保险的参保人要求是40岁以上的社会成员,其公平性引发争议。长期护理保险资金来源于国家税收和个人缴费,政府和个人各承担50%的长期护理保险费用,其中政府承担的部分,分别由国家承担25%、都道府县承担12.5%、市区町村承担12.5%。为了调节地区差距,日本还设置了"财政转移支付金"。

社会保险具有责任分担和风险共担的内在运行机制,我国《社会保险法》规定了养老保险、医疗保险、工伤保险、失业保险、生育保险5种社会保险制度。长期护理保险与医疗保险、养老保险和工伤保险既有联系,又有本质区别。长期护理保险与医疗保险关系最为密切,《社会保险法》第31条规定,医疗机构提供"合理、必要的"的医疗服务。但在医疗保险实施过程中的医疗服务均未包括长期护理服务。养老保险必须以满足缴费年限和达到法定退休年限为前提,对失能群体来说,若未达到法定退休年限或缴费年限,则不能享受养老保险待遇。我国《工伤保险条例》规定了伤残人员按伤残等级享受护理费,但此类保险只有城镇职工参保,而且工伤保险护理费享受至领取养老保险时便终止。[①] 从德国、日本的经验来看,人口老龄化问题导致失能老人的规模逐步扩大,失能群体的看护费用较高是致贫的因素之一,给家庭带来了深重压力,不利于社会稳定。随着失能风险及对长期护理的需求的攀升,建立社会化的长期护理保险法律制度,采取强制性参保的方式,在全社会推广长期护理保险,能够有效化解社会风险。

三、社会保障立法应坚持互助共济性

互助共济是德国、日本社会保障立法始终坚持的核心理念,也是社会保障制度发挥其保障作用的前提和基础。每个人都面临着年老、疾病、伤残、失业等风险,社会保障立法只有在坚持权责相统一原则的基础上,坚持社会保障的互助共济性,才能通过这一制度充分化解每个参保人面临的风险。因此,只有扩大社会保障的覆盖面,统一社会保障立法,才能最大限度发挥社会保障制度的作用,实现治安治理现代化。另外,个人账户对养老保险和医疗保险制度的互助共济功能的负面影响,已经得到了国家相关部

---

① 刘伟:《政策促进迈向法律规范:我国长期护理保险立法研究》,载《学术论坛》,2021(6)。

门的重视。国家医疗保障局、财政部《关于做好 2019 年城乡居民基本医疗保障工作的通知》明确规定："实行个人（家庭）账户的，应于 2020 年底前取消，向门诊统筹平稳过渡。"

四、完善的权利救济体系

德国 1954 年设立了专门解决社会保障争议的社会法院，以保障社会法典的实施。德国社会救助的主管机关是市、县社会局，对救助申请人有全面的信息告知和提供咨询义务。对于资料齐全的申请，社会局应在法定期限内作出决定，该决定为行政行为。申请人对该行政行为有异议，须先向社会局提出行政复议，如对复议决定有异议，可以提起诉讼。自 2005 年 1 月 1 日起，社会法院除审理社会保险纠纷案件外，还管辖有关寻求工作者基本保障的争议，社会救助争议也从行政法院的管辖范围中抽离出来，转由社会法院管辖。①

根据德国《社会法典》第五卷的规定，联邦联合委员会为合同医疗与合同牙医保障分别设立共同的仲裁委员会。德国各协会间设立的仲裁委员会在解决医患保三方利益纠纷，防止矛盾升级方面发挥了关键作用。德国《社会法典》第十卷规定，社会保障给付中行政机关应遵循的行政程序和社保求助人的程序权利（听证权、阅卷权等），对个人社保数据的提取、加工、保存、转交、更正、消除等也作了明确具体的规定。② 我国目前个别地区发生医患矛盾激化、暴力伤医杀医等事件的主要原因之一就是医、患、保三方之间的冲突矛盾缺乏调解机构，医疗保险领域的事务很难通过审理得到妥善安排，又缺少相应的法律救济程序。③ 对此，我们可以借鉴德国在权利救济方面的经验，完善权利救济体系，推进社会治安治理现代化。

五、社会保障法律制度建设要与经济发展水平相适应

20 世纪 50 年代，日本经济进入快速发展时期，与此同时，日本建立了全民保障体系。通过日本社会保障法律制度的发展来看，全民保障体系并

---

① 喻文光：《德国社会救助法律制度及其启示——兼论我国行政法学研究领域的拓展》，载《行政法学研究》，2013（1）。

② 喻文光：《德国社会救助法律制度及其启示——兼论我国行政法学研究领域的拓展》，载《行政法学研究》，2013（1）。

③ 郑尚元：《德国社会保险法制之形成与发展——历史沉思与现实启示》，载《社会科学战线》，2012（7）。

非必须建构在经济高度发达的条件下。但是,老年人免费医疗制度运行了一段时间后国家不堪重负。因此,城乡社会保障法律制度建设要与经济发展水平相适应,要保持社会保障与经济发展的协调和平衡。在经济发展水平不足以达到支撑高福利的情况下,法律制度设计也不应冒进。但社会保障法律制度应体现公平,社会保障作为社会再分配手段之一,应当达到缩小国民收入水平之间的差距的目的,这样才能更好地发挥社会保障制度社会"稳定器"和经济"助推器"的功能。

第三章 社会治安治理视阈下中国社会保障法律制度的历史回顾

新中国建立初期,我国政府就十分重视社会保障制度的作用,并建立起劳动保险制度、社会救济制度及其他保障项目。改革开放以来,面对转型期中国治安形势日益严峻的情况,政府采取了多种措施加强社会治安综合治理,但是,由于各种因素的综合作用,一段时期内,违法犯罪案件的发案率还是有一定程度的攀升。因此,梳理中国社会保障法律制度的发展历程,从中总结社会保障法律制度发展中的经验与不足,有利于加强社会保障法律制度在社会治安治理中的作用。

第一节 中国社会保障法律制度发展历程

《礼记·礼运》中记载了古人追求的理想社会:"大道之行也,天下为公,选贤与能,讲信修睦。故人不独亲其亲,不独子其子,使老有所终,壮有所用,幼有所长,矜、寡、孤、独、废疾者皆有所养……"这可以视作中国古代社会保障思想的起源,也可以说社会保障自古就是理想社会的内在要素。[①]

一、中国社会保障法律制度的建立(1949—1977 年)

新中国成立之初建立的与计划经济体制相适应的传统社会保障制度主要包括劳动保险制度、社会救济制度及其他保障项目。[②] 1949 年 9 月 29 日,中国人民政治协商会议第一届全体会议通过的起临时宪法作用的《中国人民政治协商会议共同纲领》就作出了在企业中"逐步实行劳动保险制度"的规定。1951 年 2 月,由政务院颁布了《中华人民共和国劳动保险条例》(以下简称《劳动保险条例》),这是我国第一部社会保障行政法规,标志着中国社会保障法律制度正式建立,奠定了社会保障法律制度的框架基

---

① 郑伟:《社会保障与现代化国家建设》,载《人民论坛》,2021(20)。
② 董克用、沈国权:《党指引下的我国社会保障制度百年变迁》,载《行政管理改革》,2021(5)。

础。《劳动保险条例》对职工的生育、养老、疾病、伤残、死亡及供养直系亲属待遇等方面作出了相应规定。劳动保险的覆盖面是逐步扩大的，由于当时国家财政经济还没有完全恢复，《劳动保险条例》只在 100 人以上的工厂、矿场及其附属单位，以及铁路、航运、邮电等企业和附属单位实行。对暂不实行劳动保险的单位，可以采用参照《劳动保险条例》、由劳资双方进行协商、通过签订集体合同的办法解决。随着国家财政经济状况的根本好转，1953 年 1 月，政务院对 1951 年的《劳动保险条例》进行了修改，扩大了实施范围，扩大到工矿交通事业基本建设单位和国营建筑公司。1953 年，劳动部公布了《中华人民共和国劳动保险条例实施细则》修正草案，草案共十八章七十九条，内容详尽具体。《劳动保险条例》及其实施细则对我国社会保障法律制度建构产生了深远影响。[①] 1956 年《劳动保险条例》的实施范围又扩大到商业、外贸、粮食、供销合作、金融、石油、地质、造林、民航、水产等产业和部门。1956 年，劳动保险制度覆盖的职工人数达 1600 万人，占当年国营、公私合营和私营企业职工总数的 94%，比 1953 年增加了近 4 倍。[②]

1950 年，中央人民政府内务部发布《革命残废军人优待抚恤暂行条例》《革命工作人员伤亡褒恤暂行条例》《革命军人牺牲、病故褒恤暂行条例》《民兵、民工伤亡抚恤条例》《革命烈士家属、革命军人家属优待暂行条例》等，建立起革命军人、革命工作人员伤亡、褒恤办法。[③] 1952 年 6 月，政务院颁布了《关于各级人民政府、党派、团体及所属事业单位的国家工作人员实行公费医疗预防的指示》，在国家工作人员中实行公费医疗制度。1955 年 12 月，国务院第二十一次全体会议通过《国家机关工作人员退休处理暂行办法》《国家机关工作人员退职处理暂行办法》。1958 年，国务院公布并实施了《关于现役军官退休处理的暂行规定》，建立起公职人员的公费医疗、退休以及抚恤制度。

在养老保险方面，为了妥善地安置年老的和身体衰弱、因工残疾而丧失劳动能力的工人、职员，1958 年 3 月，国务院实施了《关于工人、职员退休处理的暂行规定》，该暂行规定统一了国营、公私合营的企业、事业单位和国家机关、人民团体的工人、职员的退休退职制度。统一了退休条件、退

---

① 郑尚元、扈春海：《社会保险法总论》，28 页，北京：清华大学出版社，2018。

② 严忠勤：《当代中国的职工工资福利和社会保险》，307 页，北京：中国社会科学出版社，1987。

③ 胡晓义：《走向和谐：中国社会保障发展 60 年》，13 页，北京：中国劳动社会保障出版社，2009。

休待遇、退休医疗待遇及死亡补贴等内容。这实际上是建立了一个城镇统一的养老保险制度。1958 年 2 月,国务院发布了《关于国营企业、公私合营、合作社营、个体经营的企业和事业单位的学徒的学习期限和生活补贴的暂行规定》,规定了学徒工的学习期限,以及学习期间领取生活补贴的办法。1961 年,劳动部《关于如何计发职工退职补助费问题的通知》针对一些地区在精减技工的过程中提出的问题(《国务院关于工人、职员退职处理的暂行规定(草案)》中,给职工计发退职补助费时,对于按周年计算后剩余的月数究应如何计发退职补助费)进行了统一规定:计发职工的退职补助费,均按周年计算。按周年计算剩余的月数,6 个月以上的按一年计算,6 个月和 6 个月以内的按半年计算。1969 年,财政部颁布《关于国营企业财务工作中几项制度的改革意见(草案)》,该草案规定:"国营企业一律停止提取劳动保险金,原在劳动保险金开支的劳保费用,改在营业外列支。"劳动保险失去了统筹机制,变为企业保险。

在医疗保险方面,1965 年 9 月卫生部和财政部联合发出的《关于改进公费医疗管理问题的通知》,以及 1966 年 4 月全国总工会和劳动部联合发布的《关于改进企业职工劳保医疗制度几个问题的通知》,对公费医疗制度作了适当改革,增加了个人负担部分,如挂号费。同时,还明确了职业病处理办法。

在生育保险方面,1954 年 4 月国务院发布了《关于女工作人员生育假期的规定》,之后又发布了《中华人民共和国女工保护条例(草案)》,初步建立了专门对妇女劳动者的生育保险制度。

在社会救助方面,为应对严重的自然灾害,1949 年政务院颁布了《关于生产救灾的指示》,鼓励生产自救,对遇有困难者提供部分贷款和救济粮。1950 年,政务院颁发了《关于举行全国救济失业工人运动和筹措救济失业工人基金办法的指示》,劳动部颁布了《救济失业工人暂行办法》,建立了失业工人临时救济制度。国务院于 1965 年 6 月发布了《关于精减退职的老职工生活困难救济问题的通知》,为切实做好退职老职工的救济工作进行了具体的规定。

在农村,建立了五保户供养制度和农村合作医疗保险制度,1956 年 1 月通过的《一九五六年到一九六七年全国农业发展纲要》指出:"农业合作社对于社内缺乏劳动力、生活没有依靠的鳏寡孤独的社员,应当统一筹划,在生活上给以适当的照顾,做到保吃、保穿、保烧(燃料)、保教(儿童和少年)、保葬,使他们的生养死葬都有指靠。"1956 年 6 月通过的《高级农业生产合作社示范章程》指出:"农业生产合作社对于缺乏劳动力或者完全丧失劳动力、生活没有依靠的老、弱、孤、寡、残疾的社员,在生产上和生活上给以适当的安排和照顾,保证他们的吃、穿和柴火的供应,保证年幼的受到教育和年老的死后安葬,使他们生养死葬都有依靠。"这两个文件被认为是五保工作的制度基础,自此五保制度在中国建立起来。五保制度是在农村集体经济组织内的互助共济,但是它是以政策形式出现的,没有制定相关的法律规范。至1958年,中国已初步形成了社会保障制度体系。1960年,中共中央转发了卫生部《关于全国农村卫生工作山西稷山现场会议情况的报告》,这是"合作医疗"的措辞第一次见诸中央政府文件。自此,合作医疗便成为中国医疗保障制度的基本制度。[①]

这一阶段的社会保障法律制度的建构活动,虽然并未使用"社会保障"这一表述,但是社会保障制度的建构一直在进行,也取得了一定的成效:统一了退休和退职规定;改进了医疗制度;进一步完善了相关社会保险法案。但是,很多社会保障相关措施并未形成法律制度。

二、中国社会保障法律制度的转型(1978—1992年)

党的十一届三中全会开启了改革开放历史新时期,在改革开放的推动下,我国逐步从计划经济体制转向社会主义市场经济体制,社会保障制度也朝着适应社会主义市场经济的方向转型。党的十一届三中全会通过了《关于加快农业发展若干问题的决定(草案)》。1979年9月,党的十一届四中全会对草案进行修改并通过了该决定。决定指出,摆在我们面前的首要任务,就是集中精力使目前还很落后的农业尽快得到迅速发展。随着家庭联产承包责任制的推行,人民公社也淡出了。农村改革的成功,使得对僵化的计划经济体制的改革的重点逐渐地转移到城市。1987年,党的十三大报告也明确提出,"以按劳分配为主体的前提下实行多种分配方式"。收入分配制度的改革使原有的保险形式无法解决企业负担不均的问题。1985年9月通过的《中共中央关于制定国民经济和社会发展第七个五年计划的建议》中,第一次明确提出了"社会保障"的概念,将社会保险、社会福利、社会救济和社会优抚等制度,统一纳入社会保障体系。

1. 养老保险法律制度

1978年,国务院颁布了《关于安置老弱病残干部的暂行办法》和《关于工人退休、退职的暂行办法》,规定了党政机关、群众团体、企业、事业单位

---

① 陈佳贵、王延中:《中国社会保障发展报告(2010)》,7页,北京:社会科学文献出版社,2010。

工作人员,男年满 60 周岁,女年满 55 周岁(女工人满 50 周岁),连续工龄满十年,可以领取养老金,这一规定一直影响至今。国务院于 1986 年颁布了《国营企业实行劳动合同制暂行规定》,在其第五章中,规定了合同制工人退休养老期间的待遇:退休养老基金的来源,由企业和劳动合同制工人缴纳。1991 年,《国务院关于企业职工养老保险制度改革的决定》确定改革养老保险完全由国家、企业包下来的办法,逐步建立起基本养老保险、企业补充养老保险和职工个人储蓄性养老保险相结合的制度。将全民所有制企业职工与集体所有制企业职工养老保险制度统一。

2. 医疗保险法律制度

1978 年,卫生部和财政部发布《关于整顿和加强公费医疗管理工作的通知》,"确定公费医疗经费作为一项专款管理。凡按规定应属由个人负担的自费药品,……任何人均无权批准由公费医疗经费报销"。1984 年,为了解决药品浪费严重,经费超支的难题,卫生部和财政部又联合下发了《关于进一步加强公费医疗管理的通知》,指出要严格执行国家规定的公费医疗享受范围、医药费报销范围的有关规定,坚持分级分工医疗的原则,积极慎重地改革公费医疗制度。1989 年 8 月,为了加强公费医疗管理,进一步健全和完善公费医疗管理制度,卫生部、财政部联合颁发《公费医疗管理办法》,对享受公费医疗待遇的范围,公费医疗经费开支范围,公费医疗管理,公费医疗管理机构和职责,公费医疗经费预算的管理,公费医疗工作的监督、检查以及公费医疗工作的考核奖惩进行了明确的规定。劳动部于 1992 年 9 月发布了《关于试行职工大病医疗费用社会统筹的意见的通知》,至此,中国"大病统筹"制度逐步建立和完善。

3. 失业保险法律制度

1951 年的《劳动保险条例》中未规定失业保险。根据《中共中央关于经济体制改革的决定》的规定,企业真正成为独立的经济实体,经济体制改革必然会伴随失业问题,为此,国务院于 1986 年颁布了《国营企业职工待业保险暂行规定》,失业保险法律制度开始在中国建立。

4. 社会优抚法律制度

进入 20 世纪 80 年代以后,中国开始社会优抚立法活动。国务院于 1980 年颁布了《革命烈士褒扬条例》,条例规定,"革命烈士的家属的抚恤,按照作战牺牲军人家属的有关抚恤规定办理"。1984 年,第六届全国人大通过了新的《中华人民共和国兵役法》,其中第 10 章对现役军人的优待和退出现役的安置问题作出了规定。1987 年 12 月,国务院颁布了《退伍义务兵安置条例》。

5. 社会福利法律制度

1990 年,第七届全国人民代表大会常务委员会第十七次会议通过了《中华人民共和国残疾人保障法》,该法在 2008 年、2018 年进行了两次修订。1991 年,第七届全国人民代表大会常务委员会第二十一次会议通过了《中华人民共和国未成年人保护法》,该法在 2006 年、2012 年和 2020 年进行了三次修订。《中华人民共和国妇女权益保障法》于 1992 年由第七届全国人民代表大会第五次会议通过,该法于 2005 年、2018 年进行了两次修订。我国针对残疾人、未成年人、妇女、老年人等特殊群体的保护立法,都涉及社会福利内容,但主要是原则性规定,而且涉及内容与其他社会保障法律制度交叉重叠。从法律属性的角度来看,这些法律规范在严格意义上不具备假定、处理、制裁的法律规范属性,法律条文没有设定权利义务,更无法律责任或公法主体责任承担的相关规定。①

这一时期,经济体制改革从根本上动摇了国家单位保障制,由国家保障向社会保障转型,社会结构裂变、社会控制弱化,但由于企业改革尚未定型,适应市场经济体制的社会保险法律制度并未同期建立,导致社会治安治理的风险性增大。

三、中国社会保障法律制度的改革(1992 年至今)

随着改革开放的深化,特别是市场经济体制的确立,我国的社会保障体制改革也在逐步推进。我国采取了一种综合性的策略,使经济体制改革和社会保障变革相辅相成,在持续释放了经济增长潜力的同时,又通过对社会保障法律制度全面改革使福利水平不断提升。② 1992 年,党的十四大召开,确立了建立社会主义市场经济体制的目标,提出"积极建立待业、养老、医疗等社会保障制度"。1993 年,党的第十四届三中全会通过了《中共中央关于建立社会主义市场经济体制若干问题的决定》,对社会保障制度作出了重要的原则性规定,提出"建立多层次的社会保障体系……社会保障体系包括社会保险、社会救济、社会福利、优抚安置和社会互助、个人储蓄积累保障。社会保障政策要统一,管理要法制化。社会保障水平要与中国社会生产力发展水平以及各方面的承受能力相适应。城乡居民的社会保障办法应有区别。提倡社会互助。发展商业性保险业,作为社会保险的

---

① 郑尚元:《新中国社会保障法制建设的回眸与展望》,载《求索》,2020(6)。
② 郑功成:《中国社会保障改革与经济发展:回顾与展望》,载《中国人民大学学报》,2018(1)。

补充。……按照社会保障的不同类型确定其资金来源和保障方式。……建立统一的社会保障管理机构"。党的十五大报告指出：要"建立社会保障体系，实行社会统筹和个人账户相结合的养老、医疗保险制度，完善失业保险和社会救济制度，提供最基本的社会保障"。党的十六大报告进一步指出"建立健全同经济发展水平相适应的社会保障体系，是社会稳定和国家长治久安的重要保证。坚持社会统筹和个人账户相结合，完善城镇职工基本养老保险制度和基本医疗保险制度。健全失业保险制度和城市居民最低生活保障制度"。党的十七大报告强调了社会保障制度的功能，即社会保障制度是"社会安定的重要保证"。要"加快建立覆盖城乡居民的社会保障体系，保障人民基本生活"。党的十八大报告又进一步指出，"社会保障是保障人民生活、调节社会分配的一项基本制度。要坚持全覆盖、保基本、多层次、可持续方针，以增强公平性、适应流动性、保证可持续性为重点，全面建成覆盖城乡居民的社会保障体系。改革和完善企业和机关事业单位社会保险制度，整合城乡居民基本养老保险和基本医疗保险制度"。党的十九大报告强调，"加强社会保障体系建设。按照兜底线、织密网、建机制的要求，全面建成覆盖全民、城乡统筹、权责清晰、保障适度、可持续的多层次社会保障体系"。党的二十大报告又一次强调了社会保障的功能，"社会保障体系是人民生活的安全网和社会运行的稳定器"。要"健全覆盖全民、统筹城乡、公平统一、安全规范、可持续的多层次社会保障体系"。在上述会议精神的指引下，中国社会保障事业进入了全面改革和发展的新阶段。尤其是党的十八大以来，以习近平同志为核心的党中央把社会保障体系建设摆上更加突出的位置，坚持全覆盖、保基本、多层次、可持续方针，推动我国社会保障体系建设进入快车道。

1994 年，《中华人民共和国劳动法》颁布，其中第九章规定了社会保险和社会福利。2010 年 10 月 28 日，酝酿了 16 年之久的《中华人民共和国社会保险法》（以下简称《社会保险法》）由中华人民共和国第十一届全国人民代表大会常务委员会第十七次会议四审通过，自 2011 年 7 月 1 日起施行。《社会保险法》是中国特色社会主义法律体系中一部起支撑性作用的重要法律。它的颁布施行，是中国保障法制建设中的又一个里程碑。这一阶段，社会保障各领域的改革取得了突破性进展。

1. 养老保险法律制度

第一，筹资模式改革。1995 年，《关于深化企业职工养老保险制度改革的通知》明确规定将职工和企业缴纳费用分为"社会统筹"和"个人账户"两部分，并要逐步提高个人缴费比例。1997 年 7 月，针对当时养老保险领域"还存在基本养老保险制度不统一、企业负担重、统筹层次低、管理制度不健全等问题",国务院发布了《关于建立统一的企业职工基本养老保险制度的决定》。在农村,1992 年民政部发布了《县级农村社会养老保险基本方案(试行)》,规定"资金筹集坚持以个人交纳为主,集体补助为辅,国家给予政策扶持的原则"。这一阶段的改革与国企改革同步进行,也被称为"转轨"改革。

第二,结构性改革。1998 年 3 月,劳动和社会保障部成立,全国社会保险管理体制实现了行政管理的统一。这一改革的重点在于,扩大养老保险覆盖面并做实个人账户。为此,1999 年,国务院发布《社会保险费征缴暂行条例》,该条例明确规定,基本养老保险费的征缴范围包括:"国有企业、城镇集体企业、外商投资企业、城镇私营企业和其他城镇企业及其职工,实行企业化管理的事业单位及其职工。"并提出到 2005 年,要覆盖到灵活就业人员的目标。2005 年,国务院颁布《关于完善企业职工基本养老保险制度的决定》,该决定规定"退休时的基础养老金月标准以当地上年度在岗职工月平均工资和本人指数化月平均缴费工资的平均值为基数,缴费每满 1 年发给 1%"。将基础养老金与缴费相关联。

第三,"并轨"改革。2015 年国务院发布的《关于机关事业单位工作人员养老保险制度改革的决定》明确,改革的范围为按照公务员法管理的单位、参照公务员法管理的机关(单位)、事业单位及其编制内的工作人员参加机关事业单位养老保险。从单位保障变为社会保障,此次改革也被称为养老保险"并轨"改革。

第四,建立统一的城乡居民基本养老保险制度。2009 年国务院发布《关于开展新型农村社会养老保险试点的指导意见》,决定从 2009 年起开展新型农村社会养老保险试点;2011 年国务院制定了《关于开展城镇居民社会养老保险试点的指导意见》;2014 年《国务院关于建立统一的城乡居民基本养老保险制度的意见》决定将新农保和城居保两项制度合并实施,在全国范围内建立统一的城乡居民基本养老保险制度,将年满16 周岁(不含在校学生),非国家机关和事业单位工作人员及不属于职工基本养老保险制度覆盖范围的城乡居民全部纳入基本养老保险制度。

第五,提高基本养老保险基金的统筹层次。为提高养老保险的互助共济能力,1998 年 7 月 29 日,国务院发布《关于实行企业职工基本养老保险省级统筹和行业统筹移交地方管理有关问题的通知》,实行企业职工基本养老保险省级统筹。2007 年,劳动保障部和财政部发布《关于推进企业职工基本养老保险省级统筹有关问题的通知》,2017 年,人力资源社会保障部和财政部又联合印发《关于进一步完善企业职工基本养老保险省级统筹制度的通知》。

第六，建立多层次养老保险制度。2000年，国务院印发了《关于完善城镇社会保障体系试点方案的通知》，将辽宁省作为试点单位，探索"建立独立于企业事业单位之外、资金来源多元化、保障制度规范化、管理服务社会化的社会保障体系"。2016年，人力资源社会保障部和财政部联合发布了《关于印发职业年金基金管理暂行办法的通知》；2017年，人力资源社会保障部制定了《企业年金办法》；2022年，国务院办公厅发布了《关于推动个人养老金发展的意见》，补充养老保险基本上都有了相应的法律制度依据。

2. 医疗保险法律制度

医疗保障改革最初是因为个别地方国有企业无法报销职工医疗费用，公费、劳保制度弊端逐渐显现，难以为继。对此，1993年10月，劳动部发布了《关于职工医疗保险制度改革试点的意见》，提出了改革的目标、基本原则、医疗保险基金的筹集和使用等内容。1993年，党的十四届三中全会通过了《中共中央关于建立社会主义市场经济体制若干问题的决定》，决定指出要"发展和完善农村合作医疗制度"。根据国务院的统一部署，1994年，在江苏省镇江市和江西省九江市开展医疗保险改革试点，"两江医改"初步建立了"统账结合"的城镇职工医疗保险模式。经过扩大试点，在总结经验教训的基础上，进行缴费型医疗保险改革。1997年，《中共中央　国务院关于卫生改革与发展的决定》明确提出"积极稳妥地发展和完善合作医疗制度"。1998年，《国务院关于建立城镇职工基本医疗保险制度的决定》出台，在全国实施企业职工基本医疗保险制度。2003年，国务院转发《关于建立新型农村合作医疗制度的意见》，标志着新型农村合作医疗制度的正式建立。2006年，党的十六届六中全会通过《关于构建社会主义和谐社会若干重大问题的决定》，决定提出，"建立以大病统筹为主的城镇居民医疗保险"。2007年，根据《国务院关于开展城镇居民基本医疗保险试点的指导意见》，各地开始了城镇居民医保试点工作。至此，形成了城镇职工基本医疗保险、城镇居民基本医疗保险和新型农村合作医疗制度三种医疗保险制度。《国务院关于建立城镇职工基本医疗保险制度的决定》是医疗保障制度改革的开端，为医保改革提供了思路和依据，标志着我国从单位医疗保障向社会医疗保障转变的历史性变革，"两江医改"开创性地用社会化的社保制度代替了劳保制度和公费医疗。但是，"两江医改"在方案设计、管理体制上难以从整个医疗保障制度改革的宏观高度统筹考虑,多头管理增加了管理成本。2005年,国务院发展研究中心与世界卫生组织合作的研究报告认为:"医疗卫生体制改革基本上是不成功的。""导致医疗服务的公平性下降和卫生投入的宏观效率低下。"以商业化、市场化为主的医改画上了休止符。这一阶段的医改制度分设、管理分离、资源分散造成效率低下。

　　2009年开始的新医改重申了政府在医疗卫生筹资和公共产品提供方面的主导作用。根据《中共中央　国务院关于深化医药卫生体制改革的意见》,一些地方积极开展了医疗保险城乡统筹的探索。为切实解决重大疾病患者的医疗贫困问题,民政部从2012年开始在全国273个试点地区,探索重特大疾病医疗救助范围,同年,国家发改委、人社部等六部委联合发布《关于开展城乡居民大病保险工作的指导意见》,由商业保险机构承办城乡居民大病保险。2014年正式施行的《社会救助暂行办法》是我国第一部统筹各项社会救助制度的行政法规,对医疗救助的对象、方式、申请程序,以及疾病应急救助进行了规定。2015年年底,国务院办公厅出台《关于全面实施城乡居民大病保险的意见》,要求"大病保险"全覆盖,防止发生家庭灾难性医疗支出。同年,民政部等五部门出台的《关于进一步完善医疗救助制度全面开展重特大疾病医疗救助工作的意见》要求,城市医疗救助制度和农村医疗救助制度于2015年年底前合并实施,实现城乡困难群众在医疗救助方面的权利公平、机会公平、规则公平和待遇公平。2016年《关于整合城乡居民基本医疗保险制度的意见》要求,整合新农合和城镇居民医保两种制度,建立统一的城乡居民基本医疗保险制度。2018年,国家医疗保障局成立,整合了人社部城镇职工和城镇居民基本医疗保险和生育保险职责、卫计委的新型农村合作医疗职责、国家发改委的药品和医疗服务价格管理职责,以及民政部的医疗救助职责,其要义就是非行政化的社会治理特色,为最终在医疗保障领域形成共建、共治、共享的社会治理格局奠定了基础。① 国家医疗保障局成立后,会同财政部印发了《关于做好2019年城乡居民基本医疗保障工作的通知》,通知要求,2019年年底前实现向统一的居民医保制度过渡,同时,鼓励有条件的省、自治区、直辖市,探索省级统筹方案。这一阶段的新医改确立了社会医疗保险体制,建立了统一的城乡居民基本医疗保险制度和全民医保制度,通过大病保险、商业保险、慈善救助等逐步健全医疗保障体系,实现了医疗救助制度的统一。

---

　　① 李云霞、袁金辉:《完善我国基本医疗保险制度的主要路径》,载《中国党政干部论坛》,2020(4)。

二十多年的医疗保障改革取得了令人瞩目的成就,全体社会成员的基本医疗需求得到了有效保障。同时也要看到,我国医疗保障法律制度建设仍有一定程度的滞后,缺乏总体的立法规划和统筹,制度碎片化导致医疗保障制度欠缺公平性的问题逐渐显露出来,在一定程度上影响了社会治理体系现代化的推进。因此,应在坚持社会连带理念的基础上,构建公平统一的医疗保障法律制度体系,统筹规划,提高立法层次,完善医疗保障纠纷救济机制,强化医疗保障监督机制。

3. 社会救助法律制度

20 世纪 90 年代,随着经济体制改革的进一步深化,失业问题越来越明显,在这种情况下,中国开始了城市居民最低生活保障的试点。1997年,国务院发布了《关于在全国建立城市居民最低生活保障制度的通知》,要求各市建立并逐步完善最低生活保障制度。为了规范城市居民最低生活保障制度,保障城市居民基本生活,1999 年 9 月 28 日,国务院第 21 次常务会议通过《城市居民最低生活保障条例》。2007 年国务院发出《关于在全国建立农村最低生活保障制度的通知》,通知指出,将符合条件的农村贫困人口全部纳入保障范围,稳定、持久、有效地解决全国农村贫困人口的温饱问题。2012 年,国务院发布《关于进一步加强和改进最低生活保障工作的意见》,对一些地区存在的问题,包括对最低生活保障工作重视不够、责任不落实、管理不规范、监管不到位、工作保障不力、工作机制不健全等提出改进意见。

在医疗救助领域,2003 年,民政部、卫生部、财政部出台《关于实施农村医疗救助的意见》,对患大病的五保户与贫困农民家庭提供救助。2005年,多部委又联合下发《关于建立城市医疗救助制度试点工作的意见》,目标是通过试点在全国建立起管理制度化、操作规范化的城市医疗救助制度。2014 年《社会救助暂行办法》对医疗救助进行专章规定。2021 年,国家医保局、财政部联合发布《关于建立医疗保障待遇清单制度的意见》,明确医疗救助是我国多层次医疗保障制度框架的内容之一。

在灾害救助方面,1987 年,民政部发布了《关于切实加强救灾款管理使用工作的通知》;1989 年,中国人民银行和民政部联合发布了《关于农村救灾保险试点工作若干问题的通知》。1993 年,全国救灾救济工作座谈会提出了深化救灾工作改革、建立救灾工作分级管理体制的新思路。由此,各地展开了分级管理、分级承担的试点。至 2000 年,中国救灾分级管理体制基本形成。2010 年,民政部发布《自然灾害救助条例》,规定了自然灾害救助的原则:以人为本、政府主导、分级管理、社会互助、灾民自救。

2014 年,国务院发布了《社会救助暂行办法》,将社会救助上升为稳定性的法律制度,以行政法规的形式织牢困难群众基本生活的安全网,落实了党为人民服务的执政理念,落实了公民获得物质帮助权的宪法权利,是党和政府对促进社会公平、增进人民福祉的庄严承诺。《社会救助暂行办法》的出台解决了长期以来社会救助体系不完整、制度"碎片化"等问题,统筹建立了以最低生活保障、特困人员供养、受灾人员救助以及医疗、教育、住房、就业和临时救助为主体,以社会力量参与为补充的社会救助制度体系,是我国社会救助新的里程碑。《社会救助暂行办法》出台后,国务院及相关部委根据其相关规定,制定了一系列的规范性文件。2014 年,国务院下发了《关于全面建立临时救助制度的通知》,部署进一步发挥社会救助托底线、救急难作用,解决城乡困难群众突发性、紧迫性、临时性生活困难。2016 年,国务院印发《关于进一步健全特困人员救助供养制度的意见》,进一步规范了特困人员救助供养的制度内容。同年,民政部根据《社会救助暂行办法》以及国务院《关于进一步健全特困人员救助供养制度的意见》等国家相关规定制定了《特困人员认定办法》,并于 2021 年进行了修订。2018 年,民政部和财政部联合制定了《关于进一步加强和改进临时救助工作的意见》,针对一些地区存在的救助时效性不强、救助水平偏低、制度效能发挥不充分、工作保障不到位等问题,提出了改进的意见。2020年,为了应对新型冠状病毒疫情,中央应对新型冠状病毒疫情工作领导小组印发《关于进一步做好疫情防控期间困难群众兜底保障工作的通知》,坚持应保尽保、保障到位,通过提高补贴标准、简化救助程序的方式,充分发挥临时救助的兜底保障作用。

4. 工伤保险法律制度

1996 年,为配合《劳动法》的贯彻实施,劳动部制定了《企业职工工伤保险试行办法》。此后,为进一步完善工伤保险保障制度,2003 年,国务院颁布了《工伤保险条例》,2010 年 12 月 8 日,国务院第 136 次常务会议又通过了关于修改《工伤保险条例》的决定,对《工伤保险条例》进行了修改。2004 年,劳动和社会保障部发布《关于农民工参加工伤保险有关问题的通知》,将农民工参保作为工伤保险扩面的重要工作。由于公务员不适用《工伤保险条例》,各省又相继制定了适用于公务员工伤保险的地方性法规,如《湖南省公务员工伤保险管理实施办法》(2022 年)。人力资源社会保障部也在积极推进公务员工伤保险管理相关办法的出台。

为增强工伤保险的保障能力,根据《社会保险法》和《工伤保险条例》,2010 年 3 月,人社部发布了《关于推进工伤保险市级统筹有关问题的通知》;2017 年,人社部、财政部联合印发《关于工伤保险基金省级统筹的指导意见》,要求"在 2020 年底全面实现省级统筹"。2021 年 2 月 26 日,习近平总书记在主持中央政治局第 28 次集体学习时指出,"要推动基本医疗保险、失业保险、工伤保险省级统筹,进一步明确中央和地方事权和支出责任"。2021 年 8 月,吉林省成为全国第一个实现工伤保险基金省级统筹制度运行各环节全覆盖管理的省份。①

　　除工伤保险条例外,工伤保险领域还有《工伤认定办法》《职业病诊断与鉴定管理办法》《工伤职工劳动能力鉴定管理办法》《工伤保险辅助器具配置管理办法》《非法用工单位伤亡人员一次性赔偿办法》《因工死亡职工供养亲属范围规定》等一系列规章。相比较养老保险、医疗保险和失业保险等,工伤保险法律制度建设较为完备。在健全工伤保险法律制度同时,工伤保险覆盖面不断扩大,从新中国成立至改革开放初期,工伤保障范围从有工人职员 100 人以上的工厂、矿场及其附属单位,以及铁路、航运、邮电等企业和附属单位,扩大到全民和集体企业职工。1996 年,社会化工伤保险试点保障范围是境内的企业及其职工;2004 年增加了有雇工的个体工商户及其职工;2011 年又增加了境内的各类组织及其职工。

　　5. 失业保险法律制度

　　1993 年,国务院颁布《国有企业职工待业保险规定》,该规定取代了1986 年颁布的《国营企业职工待业保险暂行规定》。1999 年 1 月 22 日,国务院令第 258 号公布并实施《失业保险条例》,用"失业保险"取代"待业保险",虽然只有一字之差,却表明了理念的重大转变。除该行政法规以外,在失业保险领域也颁行了大量的规章、地方性法规和规范性法律文件。为落实《失业保险条例》和《社会保险费征缴暂行条例》,1999 年,劳动和社会保障部、财政部和人事部联合印发《关于事业单位参加失业保险有关问题的通知》。我国失业保险法律制度的建立吸取了欧洲各国"失业陷阱"的教训,采取了较低的失业保险金标准。为提高失业保险基金的使用效率,根据《社会保险法》《失业保险条例》,2010 年人社部发布的《关于进一步提高失业保险统筹层次有关问题的通知》要求"2011 年底前在全国范围内基本实现失业保险市级统筹";2019 年人力资源社会保障部又与财政部、国家税务总局联合印发《关于失业保险基金省级统筹的指导意见》,要求"力争在 2023 年底前全面实现省级统筹"。2020 年,受新型冠状病毒肺炎

---

　　①　吉林省人力资源和社会保障厅,http://hrss. jl. gov. cn/shbx/gsbx/202108/t20210816_8183125. html. 2021－08－16.

疫情影响,我国经济下行压力加大,部分劳动者失业风险上升。党中央、国务院高度重视失业人员的生活保障问题。习近平总书记强调,要加快推动线上申领失业保险金,确保失业人员保险金应发尽发、应保尽保;扩大失业保险覆盖范围,更好保障失业人员基本生活。人力资源社会保障部、财政部联合印发了《关于扩大失业保险保障范围的通知》,对失业人员加大失业保险保障有关工作进行了部署。对所有参加失业保险的失业人员提供基本生活保障。将不符合领取失业保险金条件的参保失业人员、领金期满的大龄失业人员等都纳入保障范围。2021 年,人力资源社会保障部办公厅和国家财政部办公厅发布了《关于畅通失业保险关系跨省转移接续的通知》,明确规定跨省就业的参保职工,其失业保险关系应随之转迁,缴费年限累计计算。

6. 生育保险法律制度

1994 年 12 月,劳动部颁发了《企业职工生育保险试行办法》,确定了生育保险改革的基本原则:适用于城镇各类企业,按属地原则组织,按"以支定收、收支基本平衡"的原则筹集生育保险基金,实行社会统筹。生育保险费由参保单位按照不超过职工工资总额 1% 的比例缴纳,职工个人不缴纳生育保险费。2017 年,国务院办公厅发布《生育保险和职工基本医疗保险合并实施试点方案》,在河北省邯郸市等 12 个试点城市行政区域进行合并试点。2019 年,国务院办公厅又发布了《关于全面推进生育保险和职工基本医疗保险合并实施方案》,要求 2019 年底前实现生育保险和职工基本医疗保险合并实施。管理层面上的两项保险合并实施,提高了经办效率,降低了管理运行成本,提升了基金的互济能力。

7. 社会优抚法律制度

2004 年国务院、中央军事委员会颁发了《军人抚恤优待条例》,并于 2011 年进行了修改。2011 年国务院和中央军事委员会联合发布了《退役士兵安置条例》。同年,国务院第 164 次常务会议通过《烈士褒扬条例》,并于 2019 年对该条例进行了修订。

8. 社会福利的法律制度

社会福利法律规范散见于相关的法律、法规之中,如职工福利主要体现在《劳动法》(1994 年颁布,2018 年第二次修正)中,残疾人福利主要体现在《残疾人保障法》(1990 年颁布,2018 年修正)中,教育福利主要体现在《义务教育法》(1986 年颁布,2018 年第二次修正)、《未成年人保护法》(1991 年颁布,2021 年第二次修订)中,老年人福利主要体现在《老年人权益保障法》(1996 年颁布,2018 年第三次修正)中,妇女福利主要体现在

《妇女权益保障法》(1992 年颁布,2005 年修正)、《母婴保健法》(1994 年颁布,2017 年第二次修正)中,等等。

这一阶段,市场经济体制的确立带来了深刻的社会关系调整,与此同时,我国现代社会保障法律制度也在进行着改革与探索。在社会主义市场经济改革的进程中,社会保障制度实现了深刻的变革,在保障民生中维持了社会总体稳定,促进了经济增长。然而,在破旧立新的渐进改革中,存在着法制建设滞后的问题。改革主要依靠政策性文件推进,社会保障制度碎片化,现有法律未能及时体现改革成果,社会保障强制性不足,导致社会保障的从源头上化解矛盾的作用没有充分发挥,各类社会矛盾时常以影响社会治安的形式表现出来,致使我国社会治安治理面临的外在环境更加错综复杂。①

第二节　社会保障法律法规及规范性法律文件

一、社会保障相关法律

1995 年施行的《劳动法》第九章对社会保险和社会福利进行了较为笼统的规定。《社会保险法》的颁布标志着我国社会保险制度全面进入法治化轨道。该法于 2010 年制定,2011 年 7 月正式实施,根据 2018 年 12 月 29 日第十三届全国人民代表大会常务委员会第七次会议《关于修改〈中华人民共和国社会保险法〉的决定》修正。在《社会保险法》中,关于基本养老保险的规定主要是第二章第 10 条至第 22 条,关于基本医疗保险的规定主要是第三章第 23 条至 32 条,关于工伤保险的规定主要是第四章第 33 条至第 42 条,关于失业保险的规定主要是第五章第 44 条至第 52 条,关于生育保险的规定主要是第六章第 53 条至第 56 条。此外,《社会保险法》也对基本养老保险、基本医疗保险、工伤保险、失业保险、生育保险进行了原则性的规定;在第七章至第十二章对社会保险费征缴、社会保险基金的经办、监督等进行了规定。《社会保险法》是社会保险的最基本法律规范,但是主要是原则性规定,可操作性不强。此外,2012 年的《军人保险法》对军人这一特殊群体的伤亡保险、退役养老及医疗保险、随军未就业的军人配偶保险等进行了规定。

---

① 武胜伟:《我国转型期基本特点及社会治安治理创新路径》,载《领导科学》,2016(29)。

二、社会保障相关行政法规

社会保障现行相关行政法规主要有《劳动保障监察条例》(2004 年)、《全国社会保障基金条例》(2016 年)、《社会保险费征缴暂行条例》(1999年颁布,2019 年第一次修订)。在失业保险领域,1999 年颁布的《失业保险条例》取代了 1993 年的《国有企业职工待业保险规定》,该条例保障的主体是城镇企业事业单位职工,条例中的城镇企业,是指国有企业、城镇集体企业、外商投资企业、城镇私营企业以及其他城镇企业。该条例由总则、失业保险基金、失业保险待遇、管理和监督、罚则及附则六章共 33 条构成。

在工伤保险领域,2003 年颁布了《工伤保险条例》,根据 2010 年 12 月20 日《国务院关于修改〈工伤保险条例〉的决定》修订。该条例包括总则、工伤保险基金、工伤认定、劳动能力鉴定、工伤保险待遇、监督管理、法律责任、附则八章共 67 条。中华人民共和国境内的企业、事业单位、社会团体、民办非企业单位、基金会、律师事务所、会计师事务所等组织和有雇工的个体工商户应当依照本条例规定参加工伤保险。

在社会救助领域,国务院于 2014 年颁布了《社会救助暂行办法》,全面规定了最低生活保障、特困人员供养、受灾人员救助、医疗救助、教育救助、住房救助、就业救助、临时救助的申请条件、救助对象、救助程序、救助措施标准以及监督管理和法律责任。《社会救助办法》把已有的成功做法上升为法律制度,是我国第一部统筹各项社会救助制度的行政法规,实现了各项社会救助工作有法可依。

三、社会保障相关的部门规章

社会保障相关的部门规章数量较多,包括劳动和社会保障部制定的《社会保险审计暂行规定》(1995 年)、《社会保险费征缴监督检查办法》(1999 年)、《社会保险行政争议处理办法》(2001 年)、《社会保险基金监督举报工作管理办法》(2001 年)、《社会保险稽核办法》(2003 年)、《社会保险经办机构内部控制暂行办法》(2007 年);人力资源和社会保障部制定的《实施〈中华人民共和国社会保险法〉若干规定》(2011 年)、《社会保险基金先行支付暂行办法》(2011 年)、《社会保险个人权益记录管理办法》(2011 年)、《在中国境内就业的外国人参加社会保险暂行办法》(2011 年)、《社会保险费申报缴纳管理规定》(2013)、《香港澳门台湾居民在内地(大陆)参加社会保险暂行办法》(2019 年)、《社会保险基金行政监督办法》(2022 年)等。其中,专门针对失业和工伤保险领域的部门规章包括《失业保险金申领发放办法》(2000 年)、《部分行业企业工伤保险费缴纳办法》(2011 年)、《工伤保险辅助器具配置管理办法》(2016年)等。涉及补充养老保险的部门规章主要是《企业年金办法》(2017年)。涉及社会救助的部门规章主要有民政部发布的《特困人员认定办法》(2016 年、2021 年修订)。

四、社会保障相关的地方性法规

省、自治区、直辖市以及设区的市的人大及其常委会根据本行政区域的实际情况可以制定社会保障相关的地方性法规,在养老保险领域,如《天津市城镇企业职工养老保险条例》《深圳经济特区社会养老保险条例》《海南省城镇从业人员基本养老保险条例》等。在医疗保险领域,如《海南省城镇从业人员基本医疗保险条例》《内蒙古自治区城镇基本医疗保险条例》《广州市社会医疗保险条例》《天津市基本医疗保险条例》等。其中,《天津市基本医疗保险条例》是全国首部省级层面涵盖职工基本医疗保险和城乡居民基本医疗保险的地方性法规。

五、社会保障相关的规范性法律文件

从严格的意义上来说,规范性法律文件不是社会保障法的正式渊源,但是,规范性法律文件在我国社会保障改革中却发挥着重要的作用。在养老保险领域主要有:《国务院关于机关事业单位工作人员养老保险制度改革的决定》(2015 年)、《国务院关于建立统一的城乡居民基本养老保险制度的意见》(2014 年);国务院各部委发布的大量规范性法律文件,如劳动和社会保障部发布的《关于建立基本养老保险省级统筹制度有关问题的通知》(1999 年)、《关于推进企业职工基本养老保险省级统筹有关问题的通知》(2007 年)、《关于做好农村社会养老保险和被征地农民社会保障工作有关问题的通知》(2007 年);人力资源和社会保障部会同财政部发布的《城乡养老保险制度衔接暂行办法》(2014 年)、《关于做好当前新型农村和城镇居民社会养老保险试点工作的通知》(2011 年)、《关于城镇企业职工基本养老保险关系转移接续若干问题的通知》(2016 年);等等。

在医疗保险领域的规范性法律文件主要包括:国务院发布的《关于建立城镇职工基本医疗保险制度的决定》(1998 年)、《关于试行社会保险基金预算的意见》(2010 年)、《关于整合城乡居民基本医疗保险制度的意见》(2016年)等;国务院办公厅发布的《关于全面实施城乡居民大病保险的意见》

(2015 年)、《关于进一步深化基本医疗保险支付方式改革的指导意见》(2017年)、《关于全面推进生育保险和职工基本医疗保险合并实施的意见》(2019年)、《降低社会保险费率综合方案》(2019 年)等。国务院各部委也发布了大量的规范性法律文件,包括:人力资源和社会保障部发布的《关于进一步推进医疗保险付费方式改革的意见》(2011 年)、《关于进一步加强基本医疗保险医疗服务监管的意见》(2014 年)、《关于进一步健全社会保险经办服务标准化体系的意见》(2017 年);人力资源和社会保障部会同财政部发布的《关于做好基本医疗保险跨省异地就医住院医疗费用直接结算工作的通知》(2016 年);国家医疗保障局发布的《关于印发医疗保障标准化工作指导意见的通知》(2019 年);等等。

其他领域也有大量的规范性法律文件,如国务院印发的《关于全面建立临时救助制度的通知》(2014 年)、《关于进一步健全特困人员救助供养制度的意见》(2016 年);劳动和社会保障部发布的《关于建立失业保险个人缴费记录的通知》(2002 年)、《关于事业单位参加失业保险有关问题的通知》(1999 年)、《关于农民工参加工伤保险有关问题的通知》(2004 年);人力资源和社会保障部发布的《关于推进工伤保险市级统筹有关问题的通知》(2010 年)、《关于进一步提高失业保险统筹层次有关问题的通知》(2010 年)、《关于畅通失业保险关系跨省转移接续的通知》(2021 年);国务院办公厅发布的《生育保险和职工基本医疗保险合并实施试点方案的通知》(2017 年)、《关于全面推进生育保险和职工基本医疗保险合并实施方案》(2019 年)。除此之外,省级人民政府,较大的市政府也制定了数量庞大的规范性法律文件。

总的来说,我国社会保障立法层次相对偏低。作为重要的民生保障立法,应由全国人大或其常委会制定关于社会保障的专门法律,但目前关于社会保障的人大立法只有《社会保险法》,且规定较为笼统,缺乏可操作性。正在实施的社会保障规范性文件几乎都是国务院及其各部委制定的行政法规、规章以及各地制定的地方性法规、规章,且大多是以"试行""暂行""意见""通知"的形式出现。地方立法畸形繁荣,省级、市级政府及其部门制定大量规章,而且县、区级政府及其部门出台相关规定,这些规定难免相互冲突,存在矛盾,不利于社会保障的发展。改革主要是通过政策性文件推动的,制度运行也主要依靠政策性文件。分项目来看,在工伤保险、失业保险和社会救助领域已经有《工伤保险条例》《失业保险条例》《社会救助暂行办法》,而养老保险和医疗保险领域则没有专门针对险种的行政法规,部门规章的法律层级比较低。通过梳理社会保障部门规章会发现,即使专门针对养老保险和医疗保险领域的部门规章,也只有关于补充养老保险的《企业年金办法》(2017年),立法明显滞后。这与养老保险和医疗保险制度在整个社会保障制度中的地位不符。在养老和医疗保险行政法规颁布前,城乡居民基本养老保险和基本医疗保险的缴费主体、缴费标准、缴费年限、待遇标准以及是否给予补助等问题均处于无法可依状态。总的来说,由于社会保障缺乏立法的统筹规划,社会保障制度的碎片化问题突出,导致社会保障互助共济功能弱化,严重阻碍了社会保障作用的有效发挥。因此,应统筹规划,建立完善的社会保障法律制度体系,充分发挥社会保障安全网和稳定器功能,努力从源头上化解社会矛盾,实现社会治安治理现代化。

第三节　中国社会保障法律制度建设取得的成就

一、社会保障法律制度体系已初步形成

2010年10月28日,经全国人大常委会审议通过,我国正式颁布《社会保险法》,这是我国社会保障体系建设中具有重大意义的历史事件。自2010年以来,我国先后制定、修订了包括《工伤保险条例》《社会救助暂行办法》等多个配套法律法规,同时对其他领域中与社会保险法存在抵触的一些法律进行修订,逐步形成由《社会保险法》和社会保障法规规章构成的法律制度体系,为社会保障改革的顺利进行提供了法律制度依据。社会保障法律制度的完善,促进了社会保障事业的全面发展,据统计数据显示,2008年至2017年,我国社会保障支出占GDP的比重逐年上升,从3.4%增加到7.3%(见表3-1)。截至2019年5月,城镇职工基本养老保险和城乡居民基本养老保险的参保人数分别为42098万人和52318万人,养老保险的覆盖率高达68%。① 城镇职工基本医疗保险、新型农村合作医疗制度和城镇居民基本医疗保险制度三项基本医保制度的参保人数超过13亿人,参保率稳固在95%以上。② 2012年至2022年,我国基本养老保险参保人数从7.88亿人增加到10.3亿人,基本医疗保险参保人数从13.4亿人

---

① 中华人民共和国人力资源和社会保障部,http://www.mohrss.gov.cn/SYrlzyhshbzb/zwgk/szrs/tjsj/201907/t20190702_322182.html,2019-09-29。

② http://paper.people.com.cn/rmrb/html/2018-09/04/nw.D110000renmrb_20180904_1-11.htm,2019-10-10。

增加到 13.6 亿人,失业保险参保人数从 1.52 亿人增加到 2.3 亿人,工伤保险参保人数从 1.9 亿人增加到 2.8 亿人。我国社保卡持卡人数从 3.41 亿人增加到 13.55 亿人,电子社保卡持卡人数增至 5.36 亿人。[1] 2021 年,全国 4680 多万名困难群众纳入低保或特困供养,全年实施临时救助 1089 万人次。截至 2021 年年底,企业职工基本养老保险省级统筹制度考核验收工作顺利完成,全国统筹启动实施。

表 3-1 中国社会保障支出情况(2008—2017 年)

年份	社会保障支出(亿元)							
	社会保险基金支出	抚恤事业费支出	城市低保支出	农村低保支出	城市特困人员救助支出	农村特困人员救助支出	总支出	占 GDP 的比重(%)
2008	9925.1	253.6	393.4	228.7	—	—	10800.8	3.4
2009	12302.6	310.3	482.1	363	—	88	13546	3.9
2010	15018.9	362.7	524.7	445	—	98.1	16449.4	4.0
2011	18652.9	428.3	659.9	667.7	—	121.7	20530.5	4.2
2012	23331.3	517	674.3	718	—	145	25385.6	4.7
2013	27916.3	618.4	756.7	866.9	—	172.3	30330.6	5.1
2014	33002.7	636.6	721.7	870.3	—	189.8	35421.1	5.5
2015	38988.1	686.8	719.3	931.5	—	210	41535.7	6.1
2016	46888.4	769.8	687.9	1041.5	—	228.9	49616.5	6.7
2017	57145	827.3	640.5	1051.8	21.2	269.4	59955.2	7.3

数据来源:根据历年《中国统计年鉴》《社会服务发展统计公报》《民政事业发展统计公报》有关数据整理。

二、社会保障制度一体化取得重大突破

由于近年来在扩大社会保障覆盖面工作中取得的卓越成就,2016 年,国际社会保障协会(ISSA)授予我国政府"社会保障杰出成就奖"。我国已经初步构建起全世界最大的社会保障网。[2] 自改革开放以来,尤其是进入 21 世纪后,我国的社会保障事业取得了举世瞩目的成就,一系

---

[1] 光明网,https://m.gmw.cn/baijia/2022-04/28/35695251.html.2022-04-28.

[2] 郑功成:《中国养老金:制度变革、问题清单与高质量发展》,载《社会保障评论》,2020(1)。

列法律法规的发布,标志着对城乡分治的重大突破,我国全面整合"碎片化"社会保障制度体系建设进入快车道。现行有效的涉及社会保险的立法主要是《社会保险法》,相比于之前的法规来说,《社会保险法》的进步意义不言而喻。《社会保险法》第 10 条、第 20 条、第 23 条、第 24 条、第 25 条,将基本养老保险和基本医疗保险的覆盖范围规定为职工、无雇工的个体工商户、非全日制从业人员、灵活就业人员、农村居民和城镇非从业居民。这些规定从法律上明确了基本养老保险和基本医疗保险的覆盖范围包括全体社会成员。《社会保险法》第 27 条明确了个人的缴费义务和退休后不缴费而享受待遇的权利。第 29 条是直接结算费用的规定,规定社会保险行政部门和卫生行政部门应当建立异地就医费用结算制度。第 30 条规定,"医疗费用依法应当由第三人负担,第三人不支付或者无法确定第三人的,由基本医疗保险基金先行支付。基本医疗保险基金先行支付后,有权向第三人追偿"。上述规定体现了对个人权益的保护的立法主旨,并且弥补了原有制度的不足。① 在法律规定的保障下,社会保险统筹逐步推进,《社会保险法》第 64 条规定,基本养老保险基金逐步实行全国统筹,其他社会保险基金逐步实行省级统筹,具体时间、步骤由国务院规定。在社会救助方面,2014 年《社会救助暂行办法》颁布实施,这是我国第一部统一的社会救助制度体系的行政法规,实施当年,就有 27 个省份建立了省级协调机制。②

　　党的十八大以来,按照整合城乡居民基本养老保险和基本医疗保险制度的目标要求,社会保障法律制度建设进程加快进行。2014 年,国务院出台了《关于建立统一的城乡居民基本养老保险制度的意见》,要求将新型农村社会养老保险和城镇居民社会养老保险合并实施。2015 年,国务院印发《关于机关事业单位工作人员养老保险制度改革的决定》。同年,国务院发布《关于全面实施城乡居民大病保险的意见》,要求在 2015 年年底前,大病保险覆盖所有城镇居民基本医疗保险、新型农村合作医疗参保人群。2016 年,国务院印发《关于整合城乡居民基本医疗保险制度的意见》,要求整合城镇居民基本医疗保险和新型农村合作医疗,建立统一的城乡居民基本医疗保险制度。根据《深化党和国家机构改革方案》组建的国家医保局在医保制度体制的顶层设计上进行了重大变革,统一管理使得医疗保障在重大疫情风险治理中发挥了更大的作用,整合了资

---

① 仇雨临:《〈社会保险法〉中医疗保险亮点解析》,载《社会科学》,2011(11)。
② http://www.gov.cn/xinwen/2014-09/24/content_2755673.htm.

源,有助于实现医疗保障和医疗救助工作的相互衔接,有助于提升医疗保障基金的使用效率,为建成城乡一体化的基本医疗保障法律制度打下坚实的体制基础。2019 年,党的第十九届中央委员会第四次全体会议公报提出,坚持和完善统筹城乡的民生保障制度,会议通过了《中共中央关于坚持和完善中国特色社会主义制度　推进国家治理体系和治理能力现代化若干重大问题的决定》,该《决定》指出,健全统筹城乡、可持续的基本养老保险制度、基本医疗保险制度,明确了今后社会保险法律制度改革的方向——建立城乡一体化的社会保险法律制度。2020 年 2 月 25 日,中共中央、国务院发布了《关于深化医疗保障制度改革的意见》,《意见》总结了改革经验,要求"加强医疗保障领域立法工作,加快形成与医疗保障改革相衔接、有利于制度定型完善的法律法规体系"。为未来中国医疗保障法律制度改革与发展确立了方向。

三、多层次养老保险法律体系建设取得成效

当前,我国人口老龄化问题日益突出。我国比较早地提出了建立多层次养老保险体系目标,《国务院关于企业职工养老保险制度改革的决定》对多层次养老保险制度体系提出了初步构想,《国务院关于深化企业职工养老保险改革的通知》标志着多层次养老保险体系建设的开始。《国务院关于建立统一的企业职工基本养老保险制度的决定》再次强调,"大力发展企业补充养老保险","发挥商业保险的补充作用"。2004 年《企业年金试行办法》施行,其目的是建立多层次的养老保险制度。自我国确立多层次养老保险体系至今已有 30 年,养老保险改革成就举世瞩目,包括从单位保障制到社会保险制,从单一层次到多层次,保障水平不断提高,覆盖面不断扩大,基本养老保险覆盖近十亿人。[①]

四、建立覆盖全民的医疗保障法律制度体系

二十多年的医保改革取得了令人瞩目的成就,全体社会成员的基本医疗需求得到了有效保障。随着医改的持续推进,我国医疗保障制度不断发展和完善,保障水平不断提高,建立起了多层次的医疗保障体系,以及覆盖

---

① 2019 年年底,全国城镇职工基本养老保险参保人数达 43482 万人,参加城乡居民基本养老保险人数为 53266 万人,合计达 96748 万人。数据来源:《2019 年人力资源和社会保障统计快报数据》,人力资源和社会保障部网站,2020 年 1 月 21 日,http://www.mohrss.gov.cn/gkml/ghtj/tj/dttj/202001/t20200121_356933.html。

人数最多的医疗保障网络。我国的医疗保障改革主要是依靠政策性文件推动的，采取了先行试点、检验思路、发现问题、总结经验、把握规律、完善政策、面上推广的渐进性的改革方式，符合一定时期的特殊国情，在一定的历史阶段发挥了积极的作用。

　　我国从无到有地建立了覆盖全民的医疗保障法律制度，包括城镇职工基本医疗保险制度（1998 年建立）、新型农村合作医疗制度（2003 年建立）、城镇居民医疗保险制度（2007 年建立）；2016 年开始，新农合和城镇居民医保城乡整合，至 2019 年建立起了统一的城乡居民医保法律制度，医疗保障在现有框架下已到达高位，覆盖了超过 95% 的人口。2016 年开始在河北省邯郸市等 12 个试点城市进行生育保险和基本医疗保险合并实施试点。2018 年修正的《社会保险法》第 64 条、第 66 条规定，基本医疗保险基金与生育保险基金合并建账及核算。在试点的基础上，2019 年国务院办公厅印发《关于全面推进生育保险和职工基本医疗保险合并实施的意见》，至此，在《社会保险法》实施 8 年后，生育保险和职工基本医疗保险合并正式开始。这些规定对于医疗保险基金提高互助共济性，实现缩小城乡和地区之间的收入差距的目标具有重要意义。2020 年新型冠状病毒肺炎疫情暴发，我国迅速出台一系列新举措，有效应对疫情，明确提出"两个确保"要求："确保患者不因费用问题影响就医、确保收治医疗机构不因支付政策影响救治。"对异地就医的患者先救治后结算；救治产生的费用，在基本医疗保险、大病保险、医疗救助等范围内按规定支付外，其余应由个人负担部分由财政部门安排资金补助。强有力的资金支撑，彰显了国家全力救治的决心，避免因费用问题而导致就诊不及时，对传染源扩散起到了很好的控制作用。习近平总书记指出："这些行之有效的做法要及时总结，推动形成制度性成果。""健全重大疾病医疗保险和救助制度。"[①]截至 2020 年 7 月 19 日，全国新冠肺炎确诊和疑似患者发生医保结算 13.55 万人次，涉及医疗费用 18.47 亿元，医保支付 12.32 亿元，支付比例达到 67%。[②]"防控工作取得的成效，再次彰显了中国共产党领导和中国特色社会主义制度的

　　① 习近平：《全面提高依法防控依法治理能力　健全国家公共卫生应急管理体系》，载《红旗文稿》，2020(5)。

　　② 中央纪委国家监委：《先救治、后结算　全国新冠肺炎确诊和疑似患者医疗费用医保支付超 12 亿元》［EB/OL］. 中央纪委国家监委网站，http://www.ccdi.gov.cn/yaowen/202007/t20200728_222788.html,2020-07-28.

显著优势。"①也凸显了医保在社会治安治理中的作用。

五、坚持权利和义务相结合的原则

社会保障要可持续发展,就需要坚持参保人权利和义务相结合的原则,需要参保人缴费来分担疾病的风险。我国社会保险制度建立以来,始终遵循先参保、后受益原则,《社会保险法》第10条和第23条都规定了个人的缴费义务。低保户等困难群体也采取由社会救助资金代缴医疗保险费的做法。《国务院关于机关事业单位工作人员养老保险制度改革的决定》也明确规定,"机关事业单位工作人员要按照国家规定切实履行缴费义务,享受相应的养老保险待遇,形成责任共担、统筹互济的养老保险筹资和分配机制"。同时,《社会保险法》第10条、第13条、第20条、第25条、第65条也规定了政府对社会保险基金的补贴义务。

①　习近平:《在统筹推进新冠肺炎疫情防控和经济社会发展工作部署会议上的讲话》,载《共产党员(河北)》,2020(5)。

第四章 社会治安治理视阈下我国社会保障制度的法律问题分析

互助共济是社会保障的天然属性。社会保障是集众人之力解除社会成员基本生存和发展后顾之忧的保障机制,不仅能够为全体国民提供稳定预期,而且有助于降低全社会的风险管理成本,实现社会治安治理的良好效果。社会保障的广覆盖,可以分担和化解养老风险、个人不确定的疾病经济风险、失业风险、工伤风险、生育风险等。与多数发达国家社会保障制度立法先行,全国统一推进不同,我国社会保障制度分设、地区分割的不公平格局导致运行成本倍增,目前立法中尚存在一些影响社会保障功能的问题,对影响社会保障功能的法律制度因素进行分析,有助于破解社会保障功能弱化的问题。

第一节 社会保障法律体系

一、社会保障立法理念和价值取向的转变

法律把追求公平作为其终极价值,效率也是法律所追求的价值目标之一。因此,社会保障法中的公平和效率,是其建立和完善过程中不可回避的问题。回顾我国社会保障的立法过程,有助于认识我国社会保障的立法理念。

计划经济体制下的社会保障制度的理念是平均主义,新中国的养老保险立法始于1951年,政务院发布的《劳动保险条例》作为第一部社会保险法规,确定了国家—单位保障养老保险模式,养老保险的费用全部由实行劳动保险的各企业行政方面或资方负担。城乡实行不同的医疗保障制度,城镇职工无偿享有医疗福利待遇;在农村,则实行农村合作医疗和"五保"等制度。这一时期的非缴费型的医疗保障制度,在维护社会稳定,推动重工业发展方面起到了积极的作用,但城乡、单位之间无法实现互助共济,既降低了效率,也无法实现公平。这一阶段的社会保障的立法理念是公平,

而且是一种平均化的公平,忽视了效率,这在当时的社会经济条件下,是不可持续的。

20 世纪 80 年代以后,为了适应社会经济转型和国有企业进行改革的要求,我国社会保障的立法理念最终选择了效率至上。1986 年,国务院发布《国营企业实行劳动合同制暂行规定》,规定养老金的来源由企业和劳动合同制工人缴纳,退休养老金不敷使用时,国家给予适当补助。这一阶段的养老保险立法只针对特殊的群体——劳动合同制工人,在养老保险立法理念上,走向了另一个极端,强调效率,而忽视公平。

在实践中,效率至上的问题逐渐凸显,社会保障立法理念逐步向公平转变。自 20 世纪 90 年代以来,养老保险立法和规范性法律文件数量增多,包括 1991 年的《国务院关于企业职工养老保险制度改革的决定》,1995 年的《国务院关于深化企业养老保险制度改革的通知》,1997 年的《国务院关于建立统一的企业职工基本养老保险制度的决定》,2005 年的《国务院关于完善企业职工基本养老保险制度的决定》,2010 年的《社会保险法》,2014 年的《国务院关于建立统一的城乡居民基本养老保险制度的意见》,以及 2015 年的《国务院关于机关事业单位工作人员养老保险制度改革的决定》等。这一阶段的养老保险立法力求公平与效率之间的平衡,不断扩大养老保险的覆盖面,并努力建立统一的养老保险法律制度。

虽然,公平的立法理念已经确立,但是,目前社会保障的公平性仍然不足。也即我国社会保障制度普惠性问题已经解决,但还未完全解决公平性问题。我国的养老保险基于职业不同而区分为职工基本养老保险、机关事业单位工作人员基本养老保险、城乡居民基本养老保险三项制度,这三项制度都采取统账结合模式,但待遇水平有差别,其中替代率最高的是机关事业单位退休人员的养老金,为 80% 左右,城镇职工养老保险金替代率近 50% ,[1]城乡居民养老保险金替代率不到 15% ,城乡居民养老保险参保人有 3.6 亿多人,其中包含 1 亿以上的本应有权利加入职工基本养老保险的进城务工农民,还有其他因各种原因未能参加城镇职工养老保险的城市居民和农村居民,绝大多数参保人选择的是最低定额缴费,每年为 100 元左右。[2] 这种待遇水平很难保障参保人的最低生活需求,加之家庭养老功能

---

① 郑功成:《多层次社会保障体系建设:现状评估与政策思路》,载《社会保障评论》,2019(1)。

② 华颖、郑功成:《中国养老保险制度:效果评估与政策建议》,载《山东社会科学》,2020(4)。

的逐渐减弱,这部分社会成员极有可能陷入贫困,长此以往将严重影响政府的执政能力和社会稳定。而且,在经济发展和国家养老金支出不断增加的情况下,三种制度之间的养老金差距反而越来越大。随着我国城镇化、就业多样化、人口老龄化加快,各地抚养比差距扩大,省际之间养老基金不平衡问题日益严重。制度分设、地区分割的不公平格局严重影响了养老保险互助共济功能。从总体养老金替代率来看,与国际社会 60% ~ 80% 的替代率目标相比还有很大的提升空间。①

医疗保障公平也未完全实现。医疗保障制度间差异及地区间差异严重影响了医疗保障的公平,并在一定程度上影响了医疗保障制度的实施效果。虽然基本医疗保障的参保率已超过 95%,但是仍有部分社会成员没有参加基本医疗保险,不同制度间、不同群体间的医疗保障制度存在不平等,城乡居民基本医疗保障水平偏低。《社会保险法》第 26 条中关于待遇标准的规定由于缺乏国家统一的医疗保险缴费基数和依据,导致待遇不公的问题突出。截至 2018 年年末,参加全国城乡居民基本医疗保险的人数达 89736 万人;实施新型农村合作医疗保险制度的有辽宁、吉林、安徽、海南、贵州、陕西、西藏 7 个省份,参保人员 1.3 亿人。截至 2018 年年末,城镇职工医疗保险的参保人数达 31673 万人,城镇职工基本医疗保障制度运行基本平稳,但暴露出来的问题也不容忽视,城镇职工医疗保险的覆盖人群有限,灵活就业群体社会医疗保险处于缺位状态;而且,医疗成本高与基本医疗保险制度的"低水平、广覆盖"目标相矛盾。② 以最低生活保障为核心的社会救助制度在城乡之间、地区之间也存在待遇不公的问题。这使得社会保障法律制度在解决一些社会问题的同时,亦引起部分社会成员的不满,与其他矛盾叠加,严重影响了社会稳定。

二、社会保障立法缺乏总体规划和统筹

我国社会保障法律制度建设明显滞后,缺乏总体的立法规划和统筹。社会保障法律制度一直以来是作为经济体制改革的配套措施存在的,改革的过程也是在"摸着石头过河",往往是就事论事,没有确定的逻辑基础和理论定位。因此表现在具体立法上,社会保障立法的数量少且层次低。从狭义法律层级的立法看,也就是应由人民代表大会或人民代表大会常务委

---

① 徐文娟、褚福灵:《基于收入水平的多层次养老保险体系构建研究》,载《社会保障研究》,2016(5)。

② 孙淑云:《中国基本医疗保险立法研究》23 页,北京:法律出版社,2014。

员会制定的专门的社会保障立法,目前尚没有制定。德、日等国的社会保障制度都以立法先行为显著特征,我国与它们相比,存在明显不同。

我国现行的关于养老保险和医疗保险的全国人大常委会通过的法律仅有《社会保险法》,还没有针对养老保险和医疗保险领域的单项立法。作为由人民代表大会或人民代表大会常务委员会制定的唯一的有关社会保险的立法,《社会保险法》充分考虑了我国国情,但囿于目前的状况,虽然有统一养老保险和医疗保险制度的意图,却认可单独立法。《社会保险法》在第二章规定了城镇职工基本养老保险、公务员和参照公务员法管理的工作人员养老保险、新型农村社会养老保险、城镇居民社会养老保险四种类型,第三章规定了城镇职工基本医疗保险、城镇居民基本医疗保险和新型农村合作医疗在内的城乡基本医疗保险制度体系。也就是说,《社会保险法》认可制度分设,我国养老保险和医疗保险根据户籍及职业等因素分别分为四种和三种类型。2014 年,国务院印发《关于建立统一的城乡居民基本养老保险制度的意见》,要求将新农保和城居保两项制度合并实施,在全国范围内建立统一的城乡居民基本养老保险制度,随着国务院颁布的规范性法律文件的落实,形成了职工养老保险、机关事业单位工作人员基本养老保险和居民养老保险三种基本制度并存的格局。2016 年,国务院又印发了《关于整合城乡居民基本医疗保险制度的意见》,整合城镇居民基本医疗保险和新型农村合作医疗,建立统一的城乡居民基本医疗保险制度,形成了居民养老保险、医疗保险两大基本制度格局,基本养老保险和医疗保险制度间存在很大区别。我国不同社会群体间、不同地区间没有实行统一的养老和医疗保险法律制度,不同的养老和医疗保险法律制度间待遇差异较大。

《社会保险法》第 10 条第 3 款规定:"公务员和参照公务员法管理的工作人员养老保险的办法由国务院规定。"也就是授权由国务院单独立法,从法律上,承认制度分设。正因为如此,机关事业单位与企业的养老金存在很大的差距。目前我国机关事业单位养老保险制度才刚刚起步,尚没有由人大或人大常委会制定的法律。其他层次的立法,主要包括国务院从 2015 年以来制定的行政法规。2015 年 1 月,国务院发布了《关于机关事业单位工作人员养老保险制度的决定》,明确了改革的目标与原则,但统一的养老保险法律体系尚未建立。机关事业单位养老保险单独立法使本就碎片化的养老保险制度通过立法进行了固化,但实际上,这是我国改革过程中应尽力避免的。因为,如果机关事业单位与企业实行单独的养老保险制度,当机关事业单位与企业的人员流动时,就会存在制度衔接的问题,而这将会是一个非常复杂的技术问题,因此,统一养老保险制度是实现人才优化配置以及实现社会公平的应有之义。根据中央财经大学社保系主任褚福灵的测算,2011 年我国企业的养老金替代率为 42.9%,低于 55% 的国际警戒线。而 1995 年至 2002 年,中国事业单位和机关单位的养老金替代率总体维持在 92%~107% 的水平。①"有研究统计,2013 年事业单位退休人员月均养老金是企业退休职工的 1.8 倍,机关退休人员月均养老金水平是企业退休职工的 2.1 倍。"②由于社会保障制度的碎片化导致不同群体、不同地区之间收入差距不但没有缩小,反而拉大,影响社会稳定。当然,实现统一的改革并不是一蹴而就的,难度非常大,政府也在为统一积极地努力,并取得了一定的进展。

《社会保险法》中关于基本养老保险、基本医疗保险、工伤保险、失业保险等的规定可操作不强,主要是原则性、大纲式、概括性的规定。《社会保险法》第二章关于基本养老保险的 13 个法律条文和第三章关于基本医疗保险的 10 个法律条文规定了养老保险和医疗保险的参保对象、待遇标准、支付范围等,但是,大多是原则性的规定。虽然,2018 年对《社会保险法》进行了修正,但是,养老保险和医疗保险的核心问题并没有得到根本解决。一是法律规定不够明确,如没有明确规定养老保险和医疗保险缴纳的数额、基数、比例等。二是授权性规定多,《社会保险法》第二章基本养老保险和第三章基本医疗保险部分提及国家规定的有 12 处,提及国务院规定的有 4 处,但并没有明确具体的法律法规,严重影响了法律的权威性。三是社会保险改革已经突破了《社会保险法》所确立的部分内容,但是法律修订并没有跟上,导致我国社会保障改革主要依赖政策性文件,法律与实践严重脱节,削弱了法律的权威性。实际上,仍是以政府部门各种政策性文件为依据,由于我国地区之间、城乡之间发展不平衡,现行社会保障制度主要以省、市政府为主体制定的暂行规定、条例、意见等为主,缺乏统一的制度设计和立法,分散的社会保障资源运行效率低下。

社会保险法的保险主体本应是全体社会成员。但《社会保险法》中没有规定全体社会成员强制参保,导致社会保障互助共济功能弱化。《社会保险法》第 10 条、第 23 条中规定,职工强制参保;而第 10 条、第 21 条、第

①　李记:《3800 万人弃缴社保对养老包改革的警示》,网易财经,http://money. 163. com/13/1129/04/9EQR46JL00253B0H. html.

②　《养老保险不公平　机关为企业 2.1 倍》,载人民网,http://ccnews. people. com. cn/n/2014/0828/c141677 - 25554709. html.

22 条、第 23 条、第 24 条、第 25 中规定,无雇工的个体工商户、未在用人单位参加职工基本医疗保险的非全日制从业人员、其他灵活就业人员以及城镇未就业居民和农村居民均为自愿参保。《社会保险法》第 10 条第 3 款规定:"公务员和参照公务员法管理的工作人员养老保险的办法由国务院规定。"该条授权由国务院单独立法,社会保险法不适用于公务员,而且也没有规定事业单位工作人员的养老保险办法。也就是说,社会保险法主要是针对企业职工的,这使社会保险法实际上沦为劳动保险法。从 1991 年至今,国务院发布的关于养老保险的行政法规有 20 多部。其中,从 1991 年至 2006 年,大多是关于企业职工养老保险的决定、批复、通知等。这种立法现状导致了法出多门、相互矛盾的问题,影响了养老保险制度的可持续性。

制度碎片化导致社会保障互助共济功能弱化。城镇职工基本养老保险和医疗保险与城乡居民保险制度未统一,法律制度建设滞后,不同制度间、地区间,在起付线、支付比例等方面存在较大不同,对于应对风险存在明显不足。不仅城乡之间养老保险和医疗保险待遇不公,而且即使在城镇,企业、机关事业单位、不同就业形式的人员之间也没有享受到同等的社会保障待遇。不同养老保险和医疗保险法律制度间的保障水平差距大,没有形成互助共济,阻碍了风险的分散,制约了社会保障功能。

三、社会保障立法严重滞后

通过对我国法律法规及规范性法律文件的梳理可以发现,社会保障制度主要集中于规范性法律文件,立法层次较低,我国社会保障制度运行主要还是以政策性文件为依据,政策性文件"过度繁荣"导致制度碎片化。从内容上讲,与发达国家社会保障法律制度相比较而言,我国社会保障立法明显滞后。西方发达国家在社会保障方面,都是立法先行,而且法律体系由多部法律支撑。比如,加拿大于 1927 年颁布了《养老金法案》,在此之后,又相继实施了《家庭津贴法》《个人注册退休储蓄计划法》《养老金计划法》《私营养老金计划法案》《公务员养老法》《老年保障金法》《养老金计划投资委员会法》等。经过多年法律制度完善,已经建立了老年保障制度(Old Age Security)、加拿大/魁北克养老金计划(Canada/Quebec Pension Plan)和私人养老金(Private Saving)多层次的养老保障体系。前两个层次的养老金计划覆盖率在95%以上,基础养老金由政府财政负担。① 我国社会保障改革长期缺乏上位法依据,主要是通过政策性文件和部门规章推动的,至今还没有一部全面调整社会保障社会关系的法律或法规,涉及社会保险人大立法的仅有一部《社会保险法》,且多是原则性规定,可操作性不强,具体执行还要结合其他法律法规。其他有关社会保障的法律制度,则大多以规章及政策的形式出现。从社会保障各领域立法来看,目前尚无养老保险和医疗保险单项法规,涉及养老保险和医疗保险的行政法规数量也非常有限,只有《劳动保障监察条例》《社会保险费征缴暂行条例》《全国社会保障基金条例》。养老保险和医疗保险多以条例、意见、暂行办法等行政法规、部门规章或政策性文件的形式出现,即使与其他社会保障制度相比也明显滞后,执行力和稳定性不足。补充养老保险主要依靠政策性法律文件进行规制。② 在工伤保险、失业保险、社会救助等领域,虽然已有相应行政法规,即《失业保险条例》《工伤保险条例》《社会救助暂行办法》,但是,在法律位阶、体系完整性和社会适应性上还存在诸多不完善的地方,不足以为社会保障制度的正常运行提供足够的法律保证。

　　由于法律中缺乏对改革主体的明确规定,导致多方参与改革,决策缺乏统一的规划和统筹,破坏了制度的统一性,加剧了"碎片化",在实践中产生了一系列的问题。社会保障法律制度的运行也主要是根据政策性文件和部门规章,以及《社会保险法》的相关规定或授权作出的具体规定。由于我国地区之间、城乡之间发展不平衡,现行社会保障法律制度主要以省、市政府为主体制定的暂行规定、条例、意见等为主。缺乏统一的制度设计和立法,分散的社会保障资源运行效率低下。例如,筹资责任分担制度间有所不同,在职工基本医疗保险中,用人单位的缴费率为工资总额的6%,职工个人缴费率为2%;城乡居民基本医疗保险人均财政补助标准十几年来不断提高,从2007年的40元,增至2020年的550元,上海等少数地区财政补助与个人缴费比例甚至超过10∶1。城乡居民基本医疗保险缴费随意性大,可能给政府带来沉重的负担,制约了社会保障功能发挥。

――――――――――

① 沈颂东:《加拿大养老保障体系对完善中国养老保险制度的启示》,载《福建论坛(人文社会科学版)》,2016(1)。

② 具体有2017年12月人力资源和社会保障部、财政部联合发布的《企业年金办法》;2015年3月国务院办公厅发布的《机关事业单位职业年金办法》;2017年6月国务院办公厅发布的《关于加快发展商业养老保险的若干意见》和2018年4月由财政部、国家税务总局、人力资源和社会保障部、中国银行保险监督管理委员会、中国证券监督管理委员会五部门联合下发的《关于开展个人税收递延型商业养老保险试点的通知》。

我国用 20 年时间建起了世界上最大的基本医疗保障体系,取得了巨大成功。虽然目前我国医疗保险的覆盖率已达 95% 以上,但是由于我国医疗保险制度体系是在不同时期、不同经济条件下建立的,医疗保险法律制度不统一,不同群体、不同地域之间存在制度上的不公平。医疗保障法律制度包括基本医疗保险、大病保险、医疗救助、疾病应急救助、慈善救助、补充医疗保险和商业健康保险等制度,医疗保障法律制度由于地区之间制度割裂,以及因身份造成的待遇水平差异,[①]在保障人群界定、大病判断标准、筹资标准、筹资渠道等方面存在较大差异。法律制度碎片化,导致相互之间衔接不畅,在应对突发重大公共卫生事件时,显得捉襟见肘。碎片化的医疗保障法律制度体系阻碍公民平等获得医疗服务,有学者采用单因素方差分析方法分析了全国城乡老年人口调查数据库数据,[②]也有学者采用粗化精确匹配法对陕西省第五次全国卫生服务调查数据进行分析。[③] 前述得出了相同的结论,碎片化的医疗保障法律制度会导致医疗保健利用和健康结果不公平。由于医疗保险整合仍在探索阶段,其效果意义有限,但医疗保障法律制度整合使医疗保障不公平程度下降了 28.38%,[④]医疗保障法律制度一体化对低收入居民的积极影响得到了证实。而且,灾难性卫生支出的发生也与医疗保障城乡不平等密切相关。[⑤] 医疗保障立法层次低导致地区之间制度差异较大,不但仅有部分群体享有医疗救助、大病保险等医疗保障法律制度的保障,且保障水平存在较大的差距。再加上基本医疗保险也是由城镇职工基本医保和城乡居民医保两部分构成,制度"碎片化"使社会保障在再分配中的缩小收入差距的作用减弱,甚至可能加大

---

① 马颖颖、申曙光:《推进医药卫生治理体系和治理能力现代化的路径与对策——基于突发公共卫生事件长效应对视角》,载《人文杂志》,2020(6)。

② Xiaoting Liu, Hung Wong, Kai Liu. Outcome-Based Health Equity across Different Social Health Insurance Schemes for the Elderly in China, *BMC Health Services Research*. 2016,(16):9.

③ Min Su, Zhongliang Zhou, Yafei Si, Xiaolin Wei, Yongjian Xu, Xiaojing Fan, Gang Chen. Comparing the Effects of China's Three Basic Health Insurance Schemes on the Equity of Health-Related Quality of Life: Using the Method of Coarsened Exact Matching, *Health and Quality of Life Outcomes*,2018,(16):41.

④ Wang Jiahui, Zhu Hong, Liu Huan, Wu Ke, Zhang Xin, Zhao Miaomiao, Yin Hang, Qi Xinye, Hao Yanhua, Li Ye, Liang Libo, Jiao Mingli, Xu Jiao, Liu Baohua, Wu Qunhong, Shan Linghan. Can the Reform of Integrating Health Insurance Reduce Inequity in Catastrophic Health Expenditure? Evidence from China, *International Journal for Equity in Health*,2020,(4):15.

⑤ Liu Huan, Zhu Hong, Wang Jiahui, Qi Xinye, Zhao Miaomiao, Shan Linghan, Gao Lijun, Kang Zheng, Jiao Mingli, Pan Lin, Chen Ruohui, Liu Baohua, Wu Qunhong, Ning Ning. Catastrophic Health Expenditure Incidence and Its Equity in China: A Study on the Initial Implementation of the Medical Insurance Integration System, *BMC Public Health*,2019,(12):1.

收入差距,不利于风险防范和社会稳定。

　　我国社会保障法律制度的不完善,突出表现为农村社会保障法律制度的不完善。在医疗保险领域,农村医疗保险法律制度主要包括农业合作化时期的合作医疗制度、新型农村合作医疗保险制度、城乡居民基本医疗保险制度,大多数的有关医疗保障的法律法规都是一些应急性、过渡性、对象单一性措施。近年来,政府对农村医疗保障法律制度进行了一系列改革,也相应地出台了一些政策、法规和规章。如 2002 年中共中央、国务院颁发的《关于进一步加强农村卫生工作的决定》,2003 年国务院办公厅转发的卫生部等部门《关于建立新型合作医疗制度的意见》,2003 年财政部、卫生部发布的《关于中央财政资助中西部地区农民参加新型农村合作医疗制度补助资金拨付有关问题的通知》,2003 年民政部、卫生部、财政部印发的《关于实施农村医疗救助的意见》,2004 年财政部、民政部制定的《农村医疗救助基金管理试行办法》,2004 年国务院办公厅转发的卫生部等部门《关于进一步做好新型农村合作医疗试点工作的指导意见》,等等。此外,国务院 2016 年 1 月 12 日发布《国务院关于整合城乡居民基本医疗保险制度的意见》,要求各统筹地区 2016 年 12 月底前出台具体实施方案。这些法规都在一定程度上促进了农村医疗保障制度的确立。《社会保险法》第24 条规定:"农村合作医疗的管理办法,由国务院规定。"也就是说,目前仍无具体的有关农村医疗保险的由人大或其常委会制定的法律条文。20 世纪 90 年代以来,中国医疗保险法律制度建设的重点放在了城镇,而农村医疗保障制度的建设则相对滞后。这与中国长期以来城乡二元结构有着密切关系,而且政府作为公共产品的提供者,不断强化了这一差异。

　　我国社会保障立法没有与改革同步进行,2010 年施行的《社会保险法》中规定的城乡分割的养老保险、医疗保险与新型合作医疗等,已经根据相关法规文件建立了城乡居民养老保险、城乡居民医疗保险,但这些制度整合在法律中找不到依据。2015 年,根据国务院《关于机关事业单位工作人员养老保险制度改革的决定》,机关事业单位工作人员原有的非缴费型退休金制度已经被缴费型养老保险制度所替代,但《社会保险法》并没有根据实际情况进行修订。2018 年,国务院机构改革中社会保险管理体制发生了重大变化,社会保险费征缴体制已明确由税务部门统一征收,医疗保险由国家医疗保障局管理,相关行政部门事实上处于无法可依的尴尬境地。这显然不利于社会保障制度的正常运行。碎片化导致社会保障法律制度衔接障碍,已明显不能适应社会保障改革的深入,严重阻碍了社会治安治理现代化的进程。行政法规、部门规章、地方性法规、政策性文件仅是权宜之计,在社会保障定型期,应当进行全国性立法,使社会保障制度在法律的保障下规范运行。因此,应提高社会保障的立法层次,由人大立法统一社会保障法律制度。

四、统筹层次低制约了社会保障功能

根据大数定律,提高统筹层次,增大基金规模,才能提升基金抗风险能力。但是,我国社会保障制度的地区分割特点鲜明。2020 年《中共中央关于制定国民经济和社会发展第十四个五年规划和 2035 年远景目标的建议》中指出,"实现基本养老保险全国统筹,推动基本医疗保险、失业保险、工伤保险省级统筹"。《社会保险法》第 64 条规定,"基本养老保险基金逐步实行全国统筹"。自 2022 年 1 月 1 日起,企业职工基本养老保险全国统筹已经实施。但是,在企业职工基本养老保险全国统筹工作逐步推进时,城乡居民基本养老保险全国统筹尚未提上日程。严格意义上的全国范围内的省级统筹尚未真正实现,全国统筹实现的难度大。各地区养老负担比不同,直接制约了养老保险制度功能的发挥。由于我国存在着区域经济发展的不平衡,发达地区与欠发达和落后地区养老基金多寡不均。只有实现养老保险全国统筹,以充裕补不足,才能充分发挥社会保障制度的功能,实现养老保险制度的可持续发展。只有协同推进城镇职工与城乡居民基本养老保险全国统筹,并做好制度衔接工作,才能逐步缩小二者差距,为日后实现并轨创造条件。

医疗保险省级统筹实现难度也很大。《社会保险法》第 64 条明确规定医疗保险基金逐步实行省级统筹,但自《社会保险法》实施以来,这一规定尚未落实,由于地区及城乡经济社会发展和医疗消费水平不同,各地提高统筹层次的进程存在差异。目前,除部分地区(京、津、沪、渝四个直辖市和宁夏回族自治区、青海等省),大部分地区尚处于地级市统筹层次,甚至在一些尚未实现城乡统筹的地区,新农合只停留在县级统筹层次。《工伤保险条例》第 11 条规定,"工伤保险基金逐步实行省级统筹"。人社部于2017 年全面启动基金省级统筹工作,要求确保在 2020 年年底前全面实现省级统筹。《失业保险条例》第 7 条中只是规定"失业保险基金在直辖市和设区的市实行全市统筹"。2019 年,人社部、财政部印发《关于失业保险基金省级统筹的指导意见》,要求各省、自治区 2023 年底前全面实现失业保险基金省级统筹。到 2020 年年底,32 个省份工伤保险基金全面如期实现省级统筹。目前,广东、安徽等省已经正式实施失业保险基金统筹。

五、个人账户缺乏风险分担机制

我国养老保险制度建立最初允许地市级政府自主选择个人账户规模，导致各地养老保险制度存在差别。1995 年,国务院决定推出企业职工养老保险实行统账结合模式,并明确地市级政府自主选择大小不一的个人账户规模。1997 年,国务院决定建立统账结合基本养老保险制度初期,将统账结构设定为 20% 和 8% 。实践中,各地情况也有所不同,广东省的单位缴费率一直低于 20% ,2001 年辽宁省个人账户做实试点时为 20% 和 8% ;2006 年,上海、山东等 8 省区试点时为 25% 、3% 。《国务院关于建立城镇职工基本医疗保险制度的决定》确立了社会统筹和个人账户相结合的制度,医疗保险个人账户的建立确实为公费医疗和劳保医疗向医疗保险顺利转轨发挥了积极的作用,确立了社会统筹和个人账户相结合的制度。近20 多年来,关于做大或做小个人账户、做实或做虚个人账户一直处于争议之中。徐文娟、褚福灵指出,应逐步做实个人账户,从名义账户向实际账户推进。[1] 董克用、孙博主张做实个人账户,将个人账户与企业年金合并建立 DC 型的第二支柱。[2] 也有学者认为,名义个人账户制(Notional Defined Contribution)更适合我国的情况。近年来,取消个人账户的呼声比较高,认为个人账户不利于互助共济,私有化的个人账户与基于公平取向的公共基金性质相悖。在社会保险制度改革的过程中,个人账户的建立曾经发挥了积极的作用,但是,个人账户缺乏风险分担机制,与社会保障互助共济的本质相违背。在没有政府补贴的情况下,个人账户制也缺乏再分配机制。我国基本养老保险和基本医疗保险制度中的个人账户建立,导致大量社会保险基金不能统筹使用,据统计,2019 年全国基本医保基金累计结存 27697亿元,其中基本医保统筹基金累计结存 19270 亿元,职工基本医疗保险个人账户累计结存 8426 亿元。[3]

六、政府社会保障责任不明确

现代社会保障制度以政府成为保障责任主体为重要特征。在社会保

---

① 　徐文娟、褚福灵:《基于收入水平的多层次养老保险体系构建研究》,载《社会保障研究》,2016(5)。

② 　董克用、孙博:《从多层次到多支柱:养老保障体系改革再思考》,载《公共管理学报》,2011(1)。

③ 　参见国家医疗保障局:《2019 年全国医疗保障事业发展统计公报》,http://www. nhsa. gov. cn/art/2020/6/24/art_7_3268. html,2020 年 6 月 24 日。

障中强化国家责任,是政府自身的目的,也是政府合法性的基础。政府的社会职能就在于缓和社会矛盾、谋求社会安定、保障社会成员的生存、增进社会福利。① "二战"后,许多国家宪法中都明确将生存权作为基本权利,基于生存权保障理念确立了社会保障的国家责任原则。国家承担对弱势群体的救助任务,一方面是维持社会治安的考量;另一方面是工业社会以来,财富系统化生产与风险系统化产生相生相伴,财富分配逻辑与风险分配逻辑嵌套交错,贫困成因社会化,依靠个人、家庭力量无法化解风险。因此,以实现国民发展权作为国家任务之一的现代国家,为实现公民获得合乎人类尊严的基本生活,必然承担建立和完善社会保障法律制度的责任。② 当前,我国社会的主要矛盾已转化为"人民日益增长的美好生活需要和不平衡不充分的发展之间的矛盾",为了公民能够共享国家改革发展的成果,亟须建立解决相对贫困的长效机制,其中最有力的制度安排是,制定科学合理的社会救助法律制度,明确国家对处于社会共同体的底层群体实施社会救助的义务,保证社会稳定。从经济学角度分析,政府应是"公共产品"的供给者,而社会保障是典型的"公共产品"。

在承担社会保障责任方面,我国政府进行了诸多的努力,取得了一系列的成就,我国《社会保险法》第 5 条第 2 款和第 3 款规定,"国家多渠道筹集社会保险资金。县级以上人民政府对社会保险事业给予必要的经费支持。国家通过税收优惠政策支持社会保险事业"。第 13 条规定,"国有企业、事业单位职工参加基本养老保险前,视同缴费年限期间应当缴纳的基本养老保险费由政府承担。基本养老保险基金出现支付不足时,政府给予补贴。"除此之外,《社会保险法》第 11 条、第 20 条、第 25 条、第 65 条规定了政府在职工基本养老保险、新型农村社会养老保险、城镇居民基本医疗保险的补贴责任。《社会保险法》第 41 条、第 42 条规定的"从工伤保险基金中先行支付"制度,明确了国家在劳动者发生工伤事故后的先行支付责任。《社会保险法》第 63 条规定了对不履行缴费义务的用人单位可以采取的强制措施,通过国家强制力保障用人单位的缴费义务履行,使社会保险的国家责任得到国家强制力的保障。然而,相关法律规定对于政府作为责任主体承担的义务并不明确。《社会保险法》第 11 条、第 13 条、第 20 条、第 25 条、第 65 条缺乏明确的责任条款,经费支持、税收优惠、补贴的比例和标准等。目前,社会保险主要由单位和个人缴纳,各级政府对社会保险

---

① 黎建飞:《社会保险中的国家责任》,载《中国人力资源社会保障》,2011(1)。
② 金昱茜:《论我国社会救助法中的制度兜底功能》,载《行政法学研究》,2022(3)。

的财政补贴具有随意性,不利于保障水平的稳定。《社会救助暂行办法》中关于中央和地方政府的财政责任规定不具体,中央和地方社会救助资金的比例和类别不明晰。仍需通过立法加以明确。

七、法律运行中的背离与扭曲

1. 纠纷救济渠道不畅

在司法实践中,社会保障纠纷呈现出逐年增多的趋势,据中国裁判文书网的查询结果,以社会保险为案由的案例从 2012 年的 185 例上升到 2021 年的 4200 例。随着社会保险纠纷的增多,越来越多的权利主体需要司法救济来维护自身权益。在制度模式方面,虽然我国采用了以德国为代表的社会保险模式,建立了以职工缴纳社会保险为基础的制度。但是我国的社会保险制度在管理体制上表现出了很强的政府主导性,这与典型国家的社会保险制度遵循自治管理的原则存在较大差异。也就是说,我国的社会保险经办机构不具有独立的法律主体地位,而是行政机构的代理人,伴随而来的是,社会保险纠纷异化为行政纠纷,从而导致社会保险法律关系和司法纠纷的解决程序的异化。①《社会保险法》应当是一部赋权法,社会保险法律关系是参保人与社会保险经办机构之间形成的社会法关系。但是,"目前我国的《社会保险法》尚未具备作为'公民社会权利保护法'的特征,而演化成为单纯的行政管理法律制度。"②经办机构的准政府性质使得社会保险关系被异化为行政关系,导致纠纷救济障碍。学术界多认为,《社会保险法》中的社会保险法律关系的性质是公法关系和私法关系的混合。③ 根据《社会保险法》第 83 条的规定,社会保险司法救济涉及两种救济程序:行政争议程序和民事诉讼程序。但从实践来看,公法和私法义务并存反而导致救济困难,由于存在行政救济途经,裁判机构多不受理劳动者因补缴社会保险费与用人单位之间的劳动争议。即使参保人进入民事诉讼程序,在举证方面也是困难重重,很难提供用人单位未履行义务的相关证据,在司法救济中处于被动地位。参保人如果选择行政争议程序,则只能向劳动监察部门进行投诉或举报,无权直接提起诉讼。④ 医疗保险法

---

① 鲁全:《中国养老保险管理体制变革与发展》,载《山东社会科学》,2020(4)。

② 娄宇、于保荣:《我国社会医疗保险法治建设的若干问题与解决思路》,载《兰州学刊》,2016(9)。

③ 沈建峰:《捆绑、分离抑或第三条道路:论劳动关系与社会保险的关系》,载《法学评论》,2022(5)。

④ 史博学:《"社会保险权"在我国立法中的确立与完善》,载《法学论坛》,2019(4)。

律关系则更加复杂,权利主体通常应该包括参保人、用人单位、医疗保险经办机构以及与医疗保险关联的医疗机构四类,由于城乡居民大病保险是商业保险,商业保险公司也成为医疗保险法律关系的权利主体。但是,由于没有与此相应的规定,涉及此类法律关系的纠纷就存在救济障碍。工伤保险争议是唯一的作为社会保险类争议处理进入法律救济程序的领域,根据《工伤保险条例》的规定提起的有关工伤认定的行政复议、行政诉讼案件逐年增加。

2. 监督机制形同虚设

《社会保险法》虽然规定了比较全面的监督机制,但是由于规定不够具体明确,实践中的监督机制形同虚设。《社会保险法》第 4 条规定,个人可以监督单位缴费情况,但现实是按照何种标准缴费没有明确规定,依法监督无法落实。《社会保险法》第 76 条规定了各级人民代表大会常务委员会的监督职权,但由于目前只是进行了地区数据的汇总,没有建立起保险基金预算制,故并没有真正实现有效监督。

我国养老保险覆盖面仍然比较低,根据人社部发布的《2015 年度人力资源和社会保障事业发展统计公报》,截至 2015 年底,我国参加基本养老保险的人数仅占人口总数的约 66%。在养老保险双轨制下,我国企业不缴、欠缴养老保险费的现象比较常见。仅以北京市为例,2002 年社保情况专项审查发现,存在少缴社保费的企业占审查总数的 61%。①《社会保险法》第 63 条规定,用人单位未按时足额缴纳社会保险费的,由社会保险费征收机构限期缴纳或者补足;并可查询其存款账户,申请县级以上有关行政部门作出划拨社会保险费的决定,书面通知其开户银行或者其他金融机构划拨社会保险费。用人单位未足额缴纳社会保险费且未提供担保的,社会保险费征收机构可以申请人民法院扣押、查封、拍卖其价值相当于应当缴纳社会保险费的财产,以拍卖所得抵缴社会保险费。《劳动法》第 73 条规定,劳动者退休后,依法享受社会保险待遇,社会保险金必须按时足额支付。《社会保险费征缴暂行条例》规定,缴费单位未按规定缴纳和代扣代缴社会保险费的,要承担相应的法律责任,包括责令限期缴纳、缴纳滞纳金、罚款等。尽管有以上法律法规的明确规定,但企业不缴、欠缴的现象还是屡见不鲜。甚至个别地方政府为减轻本地企业的缴费负担,放松管制,纵容逃费。这就需要相关政府机关加大监督检查的力度,加大法律的执行力度。2015 年 1 月发布的《关于机关事业单位工作人员养老保险制度改

---

① 封进:《中国城镇职工社会保险制度的参与激励》,载《经济研究》,2013(7)。

革的决定》,实现了制度上的并轨,但待遇之间的巨大差距并没有改善,对此,该《决定》给出的方案是,先制度并轨,同时再增量改革逐渐解决待遇水平差距的问题,但这在实践中导致了本就不堪重负的养老保险缴费雪上加霜。

由于医疗保障信息公开披露机制尚未建立,参保人的监督权也无法实现。《社会保险法》第77条规定了县级以上人民政府社会保险行政部门的监督管理权,但没有明确国家、省、市政府社会保险行政部门的具体监督职责,监督主体责任不清。《社会保险法》第78条规定财政部门、审计机关等对社会保险基金具有监督管理权,但是,并没有明确监督管理的具体方式和措施,对此,在日后的立法中应当进行具体明确的规定。

3. 法律实施机制不健全

立法的最终目标不仅是法律文本的颁布,法律文本还应具备相应的实施和适用可能,推动法律落实、确保法律执行才能真正实现"有法可依"和"法治保障"。在社会保障实施机制薄弱,法律执行力度不强、社会保险异地转移接续制度尚不规范的情况下,劳资双方都存在逃避缴纳社会保险的可能性。在医疗保障资金的管理方面,由于缺乏法律意义上的严格管理与监督机制,规定过于概括、笼统,可操作性不强等原因,使得农村医疗保障资金运作效率低下,表现为挪用、挤占、截流医疗保障资金的行为大量存在且得不到及时惩处,这也是农民投保积极性不高的原因之一。

第二节 养老保险法律制度

一、多层次养老保险体系结构失衡

2020年10月,党的十九届五中全会审议通过的《中共中央关于制定国民经济和社会发展第十四个五年规划和2035年远景目标的建议》提出,要"发展多层次、多支柱养老保险体系"。这是我国首次在官方文件中正式使用"多支柱"的表述。实际上,我国首次提出建构多层次养老保险体系至今已经30年,但是,在我国养老保险体系中,第一层次基本上是养老保险占主导地位;第二、第三层次中,企业年金和商业养老保险的规模和覆盖面与基本养老保险相比几乎可以忽略不计。由于长期以来效率优先的取向,现行养老保险制度安排明显地存在着互助共济性不足的问题,导致损害社会公平,运行成本倍增,影响制度运行效率。2019年,G20国家中,中国65岁以上老年人的贫困率最高,达到了39%。从收入差距看,OECD

国家 65 岁以上老年人的平均基尼系数为 0.302,而中国 65 岁以上老年人的平均基尼系数为 0.545,且老年人基尼系数显著高于总人口的基尼系数。①

从现存问题的类型化的角度来看,我国的养老保险可以分为基本养老保险和补充养老保险。基本养老保险法律制度发展滞后,具体表现为城乡发展不平衡、地区发展不平衡、统筹层次低、养老保险碎片化等问题;补充养老保险则发展缓慢。

企业年金制度可以看作企业职工的补充养老保险,机关事业单位中与其相对应的制度是职业年金制度。2015 年,机关事业单位与企业养老金并轨,近 4000 万名公务员和事业单位工作人员参加了职业年金,靠政府财政支持的机关事业单位职业年金发展较快,但企业年金发展滞后,具体表现在:一是企业年金覆盖面小,2019 年年末,我国建立年金的企业仅有 9.5963 万个,仅占全部企业(2109.1270 万个)的 0.45%,城镇职工基本养老保险和企业年金的参保人数分别为 43487 万人和 2547 万人,企业年金的覆盖人数仅占城镇职工基本养老保险参与人数的 5.9%;二是企业年金基金规模小,2019 年年末,积累基金共计 17985.33 亿元,仅占 GDP 的 1.82%;②三是替代率低。我国企业年金的替代率平均不足 10%,远低于 OECD 国家。截至 2018 年,10 个 OECD 国家的自愿性私人养老金覆盖了 40% 以上的劳动适龄人口。OECD 国家的企业年金资产占 GDP 的平均比重为 82.3%。强制性的 DC 企业年金的国家的平均替代率为 31.6%,自愿性的 DC 企业年金的国家,如美国、英国、加拿大替代率分别为 30.9%、29.1%、25.1%。③

居民商业养老保险更是阙如。截至 2020 年 12 月,我国已开业的专业养老保险机构有 8 家。此外,还有中国建设银行获国务院批准建立开业的建信养老金管理公司,以及 2019 年 3 月银保监会批准恒安标准人寿筹建的首家外资养老保险公司,逐步形成了我国养老金市场多金融主体竞争的格局。④ 整体而言,我国商业养老保险发展缓慢,在整个养老保险体系中的作用微乎其微,具体表现在:保险密度小、保险深度浅、占 GDP 的比例低。2019 年商业养老保险保费收入仅为 0.592 万亿元,占 GDP 的比例未

---

① OECD. Pensions at a Glance 2019:OECD and G20 Indicators。

② 数据来源:人力资源和社会保障部:《2019 年度全国企业年金基金业务数据摘要》,2020 年 3 月;国家统计局:《2019 年国民经济和社会发展统计公报》,2020 年 2 月。

③ OECD. Pensions at a Glance 2019:OECD and G20 Indicators。

④ 中国保险行业协会:《养老保险 2020 研究报告》,2020 年 9 月。

超过 5% , 替代率仅为 1.1% 。保险密度和深度分别为 422.84 元/人和 0.58% 。① 与美国个人退休账户(IRA)相比较差距较大,IRA 资产几乎占 GDP 的 50% ,保险深度总体上超过 3% 。② 可见,我国补充养老保险规模不容乐观,多层次养老保险推进任务艰巨。

有观点认为,三层次养老保险的发展不均衡主要是由于补充养老保险缺少税收优惠政策的推动。为此,我国先后出台了一系列的政策和制度,并于 2009 年和 2013 年先后对企业(职业)年金免税或递延纳税做了统一规定。财政部、人力资源和社会保障部、国家税务总局于 2013 年联合发布《关于企业年金、职业年金个人所得税有关问题的通知》。2017 年 12 月,人社部、财政部联合印发《企业年金办法》,推动多层次养老保险制度完善。但是,政策效果并不明显。

我国补充养老保险发展相对滞后主要有以下几个原因。

第一,根本原因在于基本养老保险尚未定型,导致补充养老保险的发展存在不确定性。市场主体、用人单位缺乏稳定预期,无法规划补充养老保险的发展方向。③ 养老保险制度改革与经济体制改革同时进行,在国有企业改制过程中,大多数国有企业没有能力参加企业补充养老保险。值得关注的是,自 2008 年以来,我国政府致力于构建民生保障政策,重点是建立低收入群体的养老保险制度。

第二,企业内部动力不足是导致补充养老保险发展缓慢的原因之一。绝大多数的企业既无能力也无动力建立企业年金。2004 年,《企业年金试行办法》确立了基于信托模式的唯一运营模式。一方面,这一模式使中小企业更难以参与企业年金制度;另一方面,企业年金制度的建立,对保险公司的企业补充养老保险基金和其他团体养老保险具有挤出效应,导致业务大幅下滑。

第三,居民收入偏低也是导致补充养老保险发展缓慢的原因。个人收入水平的差异决定了对养老保险缴费能力的不同。④ 根据联合国开发计

---

① 根据行业历年业务数据规律,设定约占寿险资产 80% 的分红型养老保险为理财产品,约 20% 的年金保险和生存保险为传统养老保险资产。2019 年寿险保费收入 2.96 万亿元,本书数据据此计算。

② 刘斌、林义:《国家安全视角下构建多层次养老保险体系的制度创新——基于城镇职工养老保险缴费比例下调后基金缺口的测算》,载《财经科学》,2020(8)。

③ 郑功成:《多层次社会保障体系建设:现状评估与政策思路》,载《社会保障评论》,2019(1)。

④ 徐文娟、褚福灵:《基于收入水平的多层次养老保险体系构建研究》,载《社会保障研究》,2016(5)。

划署的统计,截至 2019 年年末,我国的基尼系数从 20 世纪 80 年代初的 0.3 左右上升到 0.45。在收入或消费份额中,总人口中最贫穷的 20% 仅占的 4.7%,而最富裕 20% 的人口则高达 50%。[①] 长期以来,我国居民收入增长低于 GDP 与财政收入增长速度,部分群体首先考虑满足即期的生活需要,忽略年老时的收益,尤其是农民群体中个别人因生活所迫与企业签订自愿放弃社会保险的协议,更谈不上参加企业年金或商业性养老保险了。

第四,由于税收优惠政策的效应并不明显,导致我国补充养老保险发展缓慢。税收递延型商业养老保险政策效果不佳。2017 年 7 月发布的《国务院办公厅关于加快发展商业养老保险的若干意见》标志着税收递延型商业养老保险的正式诞生,旨在充分发挥商业养老保险的功能,充分利用保险机构在风险管理等方面的优势,增加商业养老保险产品供给。根据财政部、税务总局、人力资源和社会保障部、中国银行保险监督管理委员会与证监会等五部门联合发布的《关于开展个人税收递延型商业养老保险试点的通知》,自 2018 年 5 月 1 日起,个人税收递延型商业保险开始试点,实施近两年,截至 2020 年 4 月底,累计实现保费收入 3 亿元,参保人数 4.76 万人。这与此前市场预计的规模有较大差距,未完全实现预计的政策效果,根本原因在于保险公司的积极性不高、主动性不强,开发适合老年人需求的养老金产品的能力和动力不足,也有抵扣流程烦琐、税收优惠额度低等原因。投保人不能独立地以纳税人身份进行购买,需要单位财务部门或人力资源部门按月办理抵税,烦琐的抵扣流程,降低了部分群体的参与热情。个人缴费税前扣除按当年应税收入的 6% 和 12000 元孰低办法确定,抵扣标准较低。按政策规定,个人领取税延养老保险金时,25% 部分予以免税,75% 部分按照 10% 税率缴纳个税,相当于领取时实际缴纳税率为 7.5%。对于收入并没有达到个税起征点或者即使达到按规定仅缴纳 3% 的群体没有任何吸引力。而且,个税起征点的适时调整,导致个人税收递延型商业保险的吸引力不确定。

二、机关事业单位与企业养老保险法律问题分析

机关事业单位的养老保险制度改革开始于 20 世纪 90 年代初,与企业的养老保险改革并未同步推进。1992 年 1 月,人社部发布了《关于机关、

---

① 《2019 年全球及中国贫富差距分析报告:贫富差距使国家幸福感下降》,http://www.caoss.org.cn/1article.asp? id =5655.

事业单位养老保险制度改革有关问题的通知》，通知中明确按照国家、集体、个人共同负担的原则，逐步改变退休金实行现收现付、全部由国家财政负担的做法。但改革并没有取得预期的进展。机关事业单位与企业养老保险的双轨制，由于其因职业、身份划分实行不同制度，导致的不公平问题，逐渐引发了社会的广泛关注，社会矛盾日益凸显。为了解决这一问题，2008 年 3 月，国务院曾下发《事业单位工作人员养老保险制度改革试点方案的通知》，在山西省、上海市、浙江省、广东省和重庆市，开展事业单位的养老保险制度改革，收效甚微。将事业单位与企业并轨的做法遭到了很多学者的诟病，他们呼吁应当建立机关事业单位与企业统一的养老保险制度。2014 年 12 月 23 日，党的第十二届全国人民代表大会常务委员会第十二次会议审议了《国务院关于统筹推进城乡社会保障体系建设工作情况的报告》，报告指出将推进机关事业单位养老保险制度改革，建立与城镇职工统一的养老保险制度。改革推进艰难，但也已经迫在眉睫。

2015 年 1 月国务院发布的《关于机关事业单位工作人员养老保险制度的决定》，明确了改革的目标与原则。紧跟该决定的意见，各省、自治区、直辖市等都发布了机关事业单位工作人员养老保险制度改革的实施意见。从实践效果来看，机关事业单位养老保险改革取得了成功。首先，有利于养老保险制度的统一，减轻了财政负担。原来的机关事业单位的养老保险，由政府大包大揽，养老金来源于财政，造成沉重的财政负担，最后则转嫁为纳税人的纳税负担。机关事业单位由于没有通过立法建立有效的调整机制，而表现出任意性的特点，由此导致财政负担不断加重，从长远来看，此次改革减轻了财政负担。其次，实现了机关事业单位与企业养老保险相衔接，立法实现了机关事业单位养老保险制度的法制化，体现了权利义务对等的原则，促进了人才流动。人员流动可同时转移养老保险关系和个人账户储存额。最后，为机关事业单位工作人员建立了职业年金制度，提高了机关事业单位工作人员退休后的生活水平，减少了改革阻力，确保了改革的顺利进行。

机关事业单位与企业养老保险双轨制问题虽已"破冰"，但养老保险立法尚不完善，还有诸多问题需要解决。2004 年"人权入宪"以来，我国法制建设发展迅猛。在社会保障方面，《社会保险法》立足于国情，虽然有统一养老保险制度的意图，却认可单独立法。除此之外，无论是国务院的行政法规，还是各地区的地方性法规，其实都是将按照公务员法管理的单位、参照公务员法管理的机关、事业单位及其编制内的工作人员的养老保险办法进行单独立法。这是养老保险改革不彻底的表现之一。机关事业单位与企业养老保险基金的互济无法实现。而且,并轨后,养老金"双轨制"仍未完全破除,保障水平仍存在巨大差异,也就是"替代率"并未"并轨",机关事业单位工作人员因此不仅获得了就业安全,还享有了较高的工资与福利。① 根据《关于机关事业单位离退休人员计发离退休费等问题的实施办法》的规定,在原制度下,事业单位职工退休时工作年限满 35 年的,退休时养老金待遇按本人退休前岗位工资和薪级工资之和的 90% 计发。有研究通过计算得出结论,在新制度下工作年限满 35 年,养老金替代率为73.6%,低于原制度 90% 的标准;但考虑职业年金后,养老金总替代率为124.1%,替代率不降反升。② 也就是说,按照新制度,退休后的养老金收入竟然高于退休前的工资收入。根据《国务院关于机关事业单位工作人员养老保险制度改革的决定》,机关事业单位的职业年金是强制性的,而在法律中,并没有强制要求企业为职工缴纳企业年金。也就是说,企业年金是企业自愿缴纳的。2001 年我国《国民经济和社会发展第十个五年计划纲要》就提出了建立企业年金制度,到 2015 年年底为止已经接近 15 年,企业年金的缴纳水平,也仅仅维持在一个较低的水平。③ 而机关事业单位养老保险改革职业年金一步到位,成为强制性必须缴纳的项目。即使不考虑职业年金,现有制度中的机关事业单位养老金的替代率也远高于企业的42.9%④替代率。通过对养老保险制度中的不同群体的缴费和待遇通过基尼系数和变异系数的测算,我们发现养老保险制度不公平的主要原因在于机关事业单位工作人员的养老保障待遇远远高于其他群体。⑤ 在职时工资收入本就存在差距,而在退休后,由于机关事业单位的养老金替代率高出企业很多,导致收入差距的进一步拉大。

养老保险制度是现代社会工业化发展的产物,该制度基于社会共济的社会价值观,其最初的制度理念之一就是考虑参保人收入的情况,通过养老金替代率来实现一定程度的收入再分配,使低收入群体在年老时不致陷

① 中国社会科学院经济研究所社会保障课题组:《多规制社会养老保险体系的转型路径》,载《经济研究》,2013(12)。

② 曹园、杨再贵:《我国机关事业单位养老保险新政下的替代率测算》,载《江西财经大学学报》,2016(1)。

③ 根据 2015 年度人力资源和社会保障事业发展统计公报,截至 2015 年年底,我国有 2316 万名职工参加企业年金保险,只占参加城镇职工基本养老保险人数的 6.55%。

④ 李记:《3800 万人弃缴社保对养老保险改革的警示》,载网易财经,http://money.163.com/13/1129/04/9EQR46JL00253B0H.html.

⑤ 张兴业、娄成武:《中国社会养老保险制度的公平性研究——基于沈阳市养老保险数据的分析》,载《辽宁大学学报(哲学社会科学版)》,2016(1)。

入贫困。养老保险法律制度改革的初衷是公平,但是现状是改革尚没有触及实质问题,没有实现公平的目标,反而加剧了社会不公。因此,改革的难点是如何促进制度间的融合,以及借鉴其他国家的成功的做法建立全国统一的基础养老金法律制度。

诚然,双轨制的形成有其特定的历史原因,我国企业养老保险制度与机关事业单位分离的现象与我国的经济体制转轨的关系十分密切。20 世纪 80 年代开始的经济体制改革中进行了"利改税",自此,国有企业的退休金不再由财政划拨,国有企业员工的年龄结构不同,导致企业负担不同。这一问题引起了各级政府的关注,在这样的背景下,退休费用的社会统筹机制开始在国有企业中进行试点,并逐步在其他所有制形式中推广,建立了社会保险制度。1991 年《国务院关于企业职工养老保险制度改革的决定》,改变了养老保险完全由国家、企业承担,职工个人也负担一部分。1995 年的《国务院关于深化企业养老保险制度改革的通知》,1997 年的《国务院关于建立统一的企业职工基本养老保险制度的决定》,以及 2005 年的《国务院关于完善企业职工基本养老保险制度的决定》继续了企业养老保险制度的改革与深化,至此,始终没有关于机关事业单位养老保险制度改革的行政法规。而随着改革的深入,基于身份不同而导致权益的差距逐渐拉大,这种制度安排,有违以公平、正义、平等、安全为目的价值的养老保险法律制度的法理基础,[1]引起社会的广泛质疑,而且双轨制引发的社会矛盾日益尖锐。而目前的破除"双轨制",只是消除了城镇居民养老保险制度上的不公平。王一认为,中国目前的社会保障制度,以"职业身份"为基础,这种制度"不仅强化了初次分配形成的社会分层,同时也制约了社会权利的实现",是我国养老保险法律制度的症结所在。[2] 养老保险制度改革的终极目标,是建立全国统一的城乡居民基本养老保险法律制度,从"碎片化"改革为"大一统"的养老保险法律制度。在此过程中,首先要实现的是机关事业单位与企业养老保险立法的统一。养老保险双轨制所带来的不是单纯的政治、社会、法律或经济问题,而是制约中国整体经济社会发展的症结之一,因此,解决养老保险双轨制及由其引发的一系列社会问题,是我国经济社会进一步发展的重要一环。

现有的养老保险法律制度还有很多的问题。其中不同行业区别对待是我国养老保险法律制度中的问题之一。问题的关键不在于养老保险法

---

① 林俏:《城乡统筹社会保障法律制度研究》,12～13 页,北京:清华大学出版社,2016。
② 王一:《中国社会保障制度"去商品化"程度的分析与反思》,载《学习与探索》,2015(12)。

律制度是否并轨,而在于养老保险法律制度的规定是否导致不公平。养老金双轨制不仅在我国存在,在世界其他国家也存在,郭磊博士、潘锦棠教授通过对116个国家和地区养老保险制度进行分类,发现其中有103个国家和地区实行的是养老保险"双轨制"。[①] 并轨的目的是实现社会公平。适度的差异是可以承受的,但养老金待遇差距过大则会导致一系列的社会问题。首先,会引发企业退休及在职职工的不满,导致社会矛盾加剧。在社会保障部门接待的上访事件中,很多与养老待遇差距过大有关。其次,也会阻碍统一的劳动力市场的建立。由于企业与机关事业单位的养老保险制度的巨大差异,导致劳动者变换工作时,养老保险无法衔接,阻碍了人才的合理流动,劳动力市场严重扭曲。最后,由于机关事业单位养老待遇高,也会导致财政负担越来越重。

第三节　医疗保险法律制度

新中国成立70多年来,我国的经济、政治都有了与时俱进的发展,医疗保险法律制度建设也取得了长足进步。截至2018年年底,我国基本医疗保险已经覆盖13.5亿人。近几年,随着社会公众对医疗保障需求的提高,使医疗保障法律制度的短板逐渐显露,从而倒逼医疗保障法律体系的完善。

一、长期护理立法缺位

德国、日本等国在老龄化的压力下,建立了独立的长期护理制度。根据国务院发展研究中心社会发展研究部"推进健康老龄化策略研究"课题组的调查研究报告,"我国将进入快速人口老龄化阶段"。[②] 现实情况是,我国长期护理立法缺失。目前,我国已开始试点,2016年民政部等三部门联合发布的第四次中国城乡老年人生活状况抽样调查数据显示,全国城乡失能、半失能老年人口在老年人口中的占比18.3%,总量约为4063万人,空巢老年人占老年人口的比例为51.3%。老年人对社区提供健康服务的期望很高,照护服务的需求上升,而我国医疗保障体系不健全,照护服务明

---

① 郭磊、潘锦棠:《养老保险"双轨制"的起源与改革》,载《探索与争鸣》,2015(5)。
② 国务院发展研究中心,http://www.drc.gov.cn/n/20191213/1-224-2899987.htm.

显不足。① 同年 7 月,人力资源和社会保障部印发《关于开展长期护理保险制度试点的指导意见》,在河北省承德市等 15 个城市开展长期护理保险制度试点。2019 年 6 月,国办印发的《深化医药卫生体制改革 2019 年重点工作任务》再次提出"扩大长期护理保险制度试点"。2019 年 9 月,民政部印发《关于进一步扩大养老服务供给　促进养老服务消费的实施意见》,该意见主要是要扩大长期护理保险制度试点。国家卫健委、国家发改委等八部门发布《关于建立完善老年健康服务体系的指导意见》,要求做好与长期护理保险制度的衔接。但是,目前长期护理保险制度缺乏法律保障,相关法律制度框架缺失,试点地区在保障范围、受益规模、保障水平等多方面差异比较大。

二、欠缺应急医疗保障法律制度

我国应急医疗保障法律制度还不完善。在应对"非典"的过程中,我国总结了经验,并颁布了《社会救助暂行办法》《突发公共卫生事件应急条例》等十余部法律法规,对应急医疗保障做了零散性、原则性、授权性规范。例如,《社会救助暂行办法》第 32 条规定:"国家建立疾病应急救助制度,对需要急救但身份不明或者无力支付急救费用的急重危伤病患者给予救助。"第 47 条还规定了符合临时救助的情形。但是,这些规定并不能满足现实需求。因此,我国出台了一系列临时性的保障政策,包括医疗费用财政兜底、拓宽医保目录等特殊报销政策,以及针对医疗机构的支付政策调整等。这些保障政策减轻了患者和医疗机构的经济负担。实践证明,这些临时性的保障措施确实起到了较好的效果,医疗保障体系总体上经受住了考验,但是,这一举措在应对风险的及时性以及区域协调等方面还存在一定的问题、风险,以及一些亟待解决的法律问题,以应对新型冠状病毒肺炎疫情为例,具体来说主要体现在两个方面,一方面,在疫情暴发时,政策的落实需要各方面的协调,也需要一定的时间落实,任何环节都可能影响政策的实施效果;另一方面,临时性政策在实际执行过程中可能产生各种风险,无法避免违规风险,也可能引发医保基金的安全问题。其中比较突出的问题是关于医疗保障费用与财政责任的关系问题。因此,为有效应对公共卫生危机,还应从顶层设计的角度,构建医疗保障法律制度体系,完善重大疫情风险治理的长效机制。运用法治手段和方式进行疫情防控是法治国家的基本要求,

---

① 余紫君、赵晨悦、褚淑贞:《中德长期护理保险制度对比及对我国的启示》,载《医学与社会》,2019(5)。

既有利于对疫情风险的预防和控制,也是推进社会治安治理现代化的有机组成部分。①

三、大病保障制度的法律界定不明晰

重大疾病是目前"因病致贫""因病返贫"的重要因素之一。随着我国医疗保障法律制度改革的不断推进,在城镇职工基本医疗保险制度和城乡居民基本医疗保险制度的基础上,国家又先后实施了城镇职工大病医疗互助和城乡居民大病保险制度。现存的大病保障制度,存在按病种和按费用的两种界定方式:一类是从医学角度进行解释,将恶性、难治性且严重影响患者及其家庭正常工作和生活的疾病进行界定;另一类是从经济学角度进行解释,以一定时间内,患者医疗费用的支出为标准界定。2007年,中国保险行业协会与中国医师协会联合制定的我国首部《重大疾病保险的疾病定义使用规范》,是以医学诊断的各类疾病作为重大疾病的归类依据。2012年,医改办对于《关于开展城乡居民大病保险工作的指导意见》的解读,是根据患大病发生高额医疗费用与城乡居民经济负担能力对比进行判定是否会因病致贫、返贫为依据进行界定的。在农村,先后建立的按病种界定重大疾病的新农合重大疾病保障制度和按费用界定的农村居民大病保险制度,对大病的不同界定,影响了统筹地区对于大病标准的理解和制度的落实。在实践中,各地区对重大疾病界定差异较大,有的地区按病种界定,如上海市于2016年正式启动城乡居民大病医疗保险,在基本医疗保险待遇的基础上4种大病(包括重症尿毒症透析治疗、肾移植抗排异治疗、恶性肿瘤治疗、部分精神病病种治疗)还可享受居民大病医保。也有的地区按费用按病种同步推进,如泉州市。即使在同一省内,具体规定也千差万别,如江苏省从病种和费用两方面进行界定,6个地区纳入门诊统筹支付的大病病种数目,从9种到47种不等,总数是66种,分别为:常州市9种,镇江市14种,无锡市16种,宿迁市27种,泰州市29种,淮安市47种。镇江市和宿迁市规定大病医疗统筹支付5万元以上的医疗费用;泰州市和淮安市规定由商业保险公司支付6万元以上的医疗费用;常州市规定由大病救助基金支付15万元以上的医疗费用;无锡市规定由补充医疗保险基金支付30万元以上的医疗费用。② 大病保障的制度属性也没有明确,导致

---

① 王晨光:《疫情防控法律体系优化的逻辑及展开》,载《中外法学》,2020(3)。

② 詹长春、周绿林:《城镇职工重大疾病医疗保障水平及影响因素研究——基于江苏省的实践调研》,载《软科学》,2013(7)。

大病保险究竟应归属于基本医疗保险、补充保险还是商业保险尚无定论。

　　大病保险与医疗救助两项制度实施以来，贫困人群获得了一定程度的医疗费用补偿，卫生服务利用率有所提高，疾病直接经济负担有所减轻。然而，受到制度设计以及制度衔接模式的科学性的影响，农村地区贫困人群医疗服务利用还存在经济障碍。① 慈善救助与政府救助缺乏信息沟通、各自为政独立开展救助工作，没有做好衔接，导致资源浪费，医疗服务利用过度与不足并存。社会救助制度与扶贫政策衔接也存在问题，致使医疗保障和扶贫政策的因病致贫返贫风险治理效果不足，主要原因是各地医疗救助对象和扶贫对象重合度不高。②

第四节　工伤与失业保险法律制度

一、工伤与失业保险制度法律问题分析

1. 工伤保险和失业保险相关立法滞后

　　由于当前工伤和失业保险法律规定合理性不足，工伤和失业保险参保群体与高风险群体之间存在错位，风险较高，而需要保障的群体却游离于工伤和失业保险制度之外。面临高风险的群体，主要包括农民工群体、灵活就业人员群体。法国学者勒努瓦提出了社会排斥概念，从不同的角度理解社会排斥有不同的含义，其表现之一就是社会成员的社会保障权没有实现。

　　农民工群体是工伤和失业的高风险人群。为此，我国《失业保险条例》第 6 条和第 21 条有专门针对农民合同制工人的规定。《失业保险条例》第 6 条规定："城镇企业事业单位招用的农民合同制工人本人不缴纳失业保险费。"第 21 条规定："单位招用的农民合同制工人连续工作满 1 年，本单位并已缴纳失业保险费，劳动合同期满未续订或者提前解除劳动合同的，由社会保险经办机构根据其工作时间长短，对其支付一次性生活补助。补助的办法和标准由省、自治区、直辖市人民政府规定。"据 2018 年数据，我国农民工总数为 1.73 亿人，其中，跨省农民工为 7594 万人，占比 44%，

---

　　① 　应亚珍等：《加大保障力度，改善医疗服务公平性——新农合与医疗救助制度的衔接机制及成效分析》，载《中国卫生政策研究》，2015（11）。

　　② 　向国春等：《精准健康扶贫对完善全民医保政策的启示》，载《中国卫生经济》，2017(8)。

参保率只有 17%。即使参保的农民工,因其平均就业时间在 10 个月左右。[1] 很难达到《失业保险条例》中"连续工作满 1 年"的要求。《工伤保险条例》的强制力不足,参保率提高较为缓慢。截至 2021 年年底,全国工伤保险参保人数为 28287 万人,农民工工伤保险整体参保率只有 27% 左右。另外,《工伤保险条例》规定的工伤认定程序复杂,导致农民工维权困难。

党的十八届五中全会公报首次提出了"新就业形态"的概念,指出"加强对灵活就业、新就业形态的支持"。[2] 国际劳工组织 2015 年发布的《关于从非正规经济向正规经济转型建议书》指出,大多数人进入非正规经济,并非出于自愿选择,而是由于正规经济中缺乏机会及其自身没有其他的谋生手段,并建议将非正规经济中的所有就业人员纳入社会保障中。[3] 国际劳工组织于 2016 年发布的《世界非标准性就业:理解挑战、塑造未来》[4] 指出,非标准就业包括临时性就业、非全日制工作、临时介绍所工作和其他多方雇佣关系、隐蔽性雇佣关系和依赖性自营职业。显而易见,新就业形态中的灵活就业人员是非标准就业的形式之一。新就业形态中的灵活就业人员也是工伤和失业的高风险人群。根据《工伤保险条例》第 2 条的规定,工伤保险的参保主体是职工或雇工。同时,《工伤保险条例》第 18 条规定,提出工伤认定申请,应当提交与用人单位存在劳动关系(包括事实劳动关系)的证明材料。非标准就业人员参保与享受工伤保险待遇困难重重。依据《失业保险条例》第 2 条的规定,失业保险的参保主体是城镇企业事业单位、城镇企业事业单位职工,非标准就业人员无法参保。而且,根据《失业保险条例》第 14 条的规定,领取失业保险金须满足三个条件:单位和本人已按照规定履行缴费义务满 1 年;非因本人意愿中断就业;已办理就业登记并有求职要求。因为实践中无从判断非标准就业人员是否是非自愿失业,故其参保存在道德风险。一旦其纳入失业保险保障,就可能带来"失业陷阱"问题。[5] 而如果制定更加严苛的失业保险金

① 张盈华、张占力、郑秉文:《新中国失业保险 70 年:历史变迁、问题分析与完善建议》,载《社会保障研究》,2019(6)。

② 共产党员网,https://news.12371.cn/2015/10/29/ARTI1446118588896178.shtml.

③ ILO. Transition from the Informal to the Formal Economy Recommendation,2015(No. 204), https://www.ilo.org/dyn/normlex/en/f? p = NORMLEXPUB:12100:0:NO:12100:P12100_ILO_CODE:R204,2015-06-12.

④ ILO. Non-standard Employment around the World: Understanding Challenges, Shaping Prospects. https://www.ilo.org/global/publications/books/WCMS_534326/lang—en/index.htm.

⑤ 李珍、王怡欢、张楚:《中国失业保险制度改革方向:纳入社会救助——基于历史背景与功能定位的分析》,载《社会保障研究》,2020(2)。

领取条件,则可能影响其参保的积极性。但是,非标准就业人员又是最需要失业保障的群体。另外,《就业服务与就业管理规定》第 65 条规定了失业登记的范围,该范围并不包括非标准就业人员。[1]

研究表明,失业保险制度本身会对收入分配造成显著性影响,但是,由于我国失业保险法律的规定,限制了参保率和受益率的提高,失业保险参保率、受益率低又反过来限制了其效果。对失业保险制度受益率进行的实证分析显示,我国失业保险的参保率受益率、替代率都比较低。2015 年我国失业保险参保率为 59.25%,2017 年为 60.65%,[2]根据《世界社会保障报告(2017—2019)》显示,2012—2015 年,我国失业保险有效覆盖率仅有 18.8%,调查失业受益率[3]仅有 10% 左右(表 4 - 1)。我国失业保险金的替代率也不高,2018 年仅为 18.4%,略高于部分发展中国家,而发达国家通常替代率在 50%~60%,发展中国家也多保持在 40%~50%。[4] 2017 年—2021 年,我国的参保失业率[5]一直保持在 1% 左右,而调查失业率一直在 5% 左右,2020 年新型冠状病毒肺炎疫情导致失业率上升,但受益率并没有明显变化(表 4 - 1)。与此同时,失业保险基金累计结余系数较高,2017 年为 7.2417,意味着结存的基金量够未来 6~7 年之用。[6] 简言之,一方面,大量失业人员得不到保障,另一方面,参保人员失业率较低,失业保险基金收入持续远超基金支出,失业保险基金累计结余规模不断扩大。由于参保率、受益率低,失业保险逆周期调节几乎是失灵的。[7]

---

① 《就业服务与就业管理规定》第 65 条:失业登记的范围包括下列失业人员:(1)年满 16 周岁,从各类学校毕业、肄业的;(2)从企业、机关、事业单位等各类用人单位失业的;(3)个体工商户业主或私营企业业主停业、破产停止经营的;(4)承包土地被征用,符合当地规定条件的;(5)军人退出现役且未纳入国家统一安置的;(6)刑满释放、假释、监外执行的;(7)各地确定的其他失业人员。

② 人民网:《中国社会保障发展指数报告 2016—2018》. http://finance. people. com. cn/n1/2020/0102/c1004-31531668. html. 2020 - 01 - 02.

③ 失业受益率(Recipiency Rate),即失业保险金领取人数占全部失业人口的比重。

④ 金双华、班福玉:《失业保险制度对收入分配的影响——基于缴纳—领取路径的分析》,载《中南财经政法大学学报》,2021(5)。

⑤ 参保失业率(Insured Unemployment Rate),即领取失业保险金的人数占正在就业的全部参保人数的比重。

⑥ 人民网.《中国社会保障发展指数报告 2016—2018》. http://finance. people. com. cn/n1/2020/0102/c1004 - 31531668. html. 2020 - 01 - 02.

⑦ 孙守纪,方黎明:《新就业形态下构建多层次失业保障制度研究》,载《中国特色社会主义研究》,2022(6)。

表 4 - 1　中国失业保险受益率相关指标(2017—2021 年)

年份	城镇就业人数(万人)	参保人数(万人)	城镇登记失业人数(万人)	城镇调查失业人数(万人)	领取失业保险人数(万人)	参保失业率	调查失业率	登记失业受益率	调查失业受益率
2017	42462	18784	972	—	220	1.2%	—	22.7%	—
2018	43419	19643	974	2238	223	1.1%	4.9%	22.9%	9.9%
2019	44247	20543	945	2427	228	1.1%	5.2%	24.1%	9.4%
2020	46271	21689	1160	2538	270	1.2%	5.2%	23.3%	10.6%
2021	46773	22958	1040	2513	259	1.1%	5.1%	24.9%	10.3%

资料来源:根据 2017—2021 年度《人力资源和社会保障事业发展统计公报》相关数据整理计算所得。

2020 年,由于疫情的冲击,失业人数增加,根据人力资源和社会保障部公布的数据,2020 年第一季度的登记失业率为 3.66%,城镇调查失业率为 5.9%。然而,2020 年领取失业保险的人数只有 270 万人。失业保险制度的功能较为有限。为了应对疫情的影响,贯彻落实党中央、国务院关于扩大失业保险保障范围、更好地保障失业人员基本生活的决策部署,人力资源和社会保障部于 2020 年 5 月 29 日发布了《关于扩大失业保险保障范围的通知》,阶段性实施失业补助金政策。领取失业保险金期满仍未就业的失业人员、不符合领取失业保险金条件的参保失业人员,可以申领 6 个月失业补助金。但失业补助金的领取者仍是失业保险的参保人。截至 2021 年年末,中国失业保险参保人数为 2.3 亿人,与城镇就业人数相比,参保率仅为 49%,也就是说,仍有 50% 的城镇就业人口无法享受失业保险待遇。失业保险法律制度的规定导致失业保障的功能微弱,没能够发挥失业保险在社会治安治理中应有的作用。

2. 社会保险相关法律法规对于灵活就业人员的范围界定不清

《社会保险法》第 10 条和第 23 条规定,职工以外的灵活就业人员包括"非全日制从业人员",而 2011 年施行的《实施〈中华人民共和国社会保险法〉若干规定》第 9 条中特别规定了,"职工包括非全日制从业人员"。《社会保险法》与《实施〈中华人民共和国社会保险法〉若干规定》对于"灵活就业人员"的范围规定不同。灵活就业在我国已经存在了 30 年,一直以来,学界将灵活就业人员工伤保障问题聚焦于农民工群体。2015 年,"新就业形态"首次出现在党的十八届五中全会公报中。人力资源社会保障部在对政协提案答复(人社提字〔2020〕89 号)中是这样答复的,"新就业形态人员大多通过平台自主接单承接工作任务,准入和退出门槛低,工作时间相对自由,劳动所得从消费者支付的费用中直接分成,其与平台的关系有别于传统的'企业+雇员'模式,导致新就业形态人员难以纳入现行的劳动法律法规保障范围。"①新就业形态人员由于是非劳动关系中的灵活就业人员,其从业过程中受到伤害只能通过两种途径获得救济:一是如果符合侵权责任的构成要件,可以主张侵权责任;二是通过商业保险进行保障。但前者救济周期长,而后者保障有限且保费较高。实践中存在平台企业为了降低人工成本,普遍将其与平台上的灵活就业人员之间的关系认定为合作关系的情况,但实际上并不符合法律上的合作关系要件。法律上的合作关系要求利益共享、风险共担。灵活就业人员虽然有接单和不接单的自由,但是一旦成为注册的服务提供者,就要遵守平台自制的相关规章制度。② 平台企业运用其掌握的算法规则和数据要素,将市场风险单方面地向劳动者一端转移。③ 因此,平台企业在营利的同时,也应当承担起相应的责任。

3.《失业保险条例》缺少对失业保险金领取人的就业激励的相关规定

世界大多数国家为了促进就业,通行的做法是规定过了固定的保障期间,可领取的失业金减少。例如,德国失业保险制度于 2005 年进行改革,出发点在于通过降低福利促使失业者重返职场。德国《社会法法典》第十二卷中规定,将具有就业能力的失业者的失业救济金和社会救助金合并为失业金Ⅱ,失业者领取失业保险金Ⅰ(普通失业保险)的时间缩短为一年,之后只能领取失业保险金Ⅱ(哈茨Ⅳ救济金,即合并之前的失业救济金和社会救济金),其金额以"仅可度日"为标准。相比之下,我国的《失业保险条例》中关于领取失业金期间失业人员的义务性规定过少或缺失,不利于促进失业人员再就业。

二、灵活就业人员失业和工伤保障的法理分析

从制度层面审视,灵活就业人员失业和职业伤害保障的制度短板早已

---

① 参见《人力资源社会保障部对政协十三届全国委员会第三次会议第 3391 号(社会管理类 287 号)提案的答复》,http://www.mohrss.gov.cn/xxgk2020/fdzdgknr/zhgl/jytabl/tadf/202101/t20210113_407557.html.

② 匡亚林、梁晓林、张帆:《新业态灵活就业人员社会保障制度健全研究》,载《学习与实践》,2021(1)。

③ 艾琳:《平台从业者职业伤害的权利保护:现实依据、理论基础及制度设计》,载《深圳大学学报(人文社会科学版)》,2021(4)。

存在,并非因新就业形态才产生。在理论探讨中,对新就业形态中的灵活就业人员失业和职业伤害保障的核心问题是判定平台组织和劳动者之间是否具有劳动法律关系。失业保险和工伤保险法律关系是以《社会保险法》《失业保险条例》《工伤保险条例》为依据的,其逻辑起点是劳动法律关系下的劳动者身份。根据《失业保险条例》第 6 条和《工伤保险条例》第 7 条的规定,失业保险和工伤保险必须由雇主缴纳部分或者全部,没有建立劳动关系的灵活就业人员的权利很难得到保障。在部门立法的大格局下,《劳动法》与《劳动合同法》所调整的主体范围实则是严格受限的,并未覆盖到全部以劳动(劳务)给付为主要内容的法律关系。① 这从原劳动部 1995 年出台的《关于贯彻〈中华人民共和国劳动法〉执行若干问题的意见》中得到了证实。② 我国现行的劳动与民事立法的割裂与分离,将全社会各类劳动形态划分为民法调整的"独立性劳动"和劳动法调整的"从属性劳动",提供劳务的一方在民事领域中几乎没有强制性保障,而在劳动领域中可获得工伤保险的强制性保障。③ 申言之,我国立法对于劳动者的保护建立在劳动关系的基础上,形成的是劳动关系与劳务关系的二元法律调整框架,《劳动合同法》第 10 条规定,"建立劳动关系,应当订立书面劳动合同",也就是说,书面劳动合同是认定劳动法律关系的主要依据,建立劳动关系是享有劳动保障的前提。

　　劳动关系和社会保险的绑定是特定历史发展阶段的产物,并不具有逻辑上的必然性。21 世纪初,开始出现了将雇工的概念和劳动者概念剥离的发展趋势,并体现在立法和司法实践中。例如,《德国社会法典》第四编第 7 条第 1 款的表述是"雇佣(Beschäftigung)是指非自主的劳动,尤其出现在劳动关系中"。德国社会保障的覆盖面不断扩大,从建立之初仅保障劳动者的 40% 或者全体居民的 10%,到现在约 90% 的社会成员被纳入保障范围。可以说,德国社会保障法的发展过程就是其覆盖面不断扩大的过程。劳动关系不能解决的社会问题才是社会保障法要解决的问题。④

---

　　① 郑晓珊:《〈民法典〉时代下雇佣劳动法律体系之重整》,载《暨南学报(哲学社会科学版)》,2022(3)。

　　② 《关于贯彻〈中华人民共和国劳动法〉执行若干问题的意见》规定:公务员和比照实行公务员制度的事业组织和社会团体的工作人员,以及农村劳动者(乡镇企业职工和进城务工、经商的农民除外)、现役军人和家庭保姆等不适用劳动法。

　　③ 王天玉:《从身份险到行为险:新业态从业人员职业伤害保障研究》,载《保险研究》,2022(6)。

　　④ 沈建峰:《捆绑、分离抑或第三条道路:论劳动关系与社会保险的关系》,载《法学评论》,2022(5)。

第五节　社会救助法律制度

一、社会救助法律法规分散

2021 年 2 月 25 日,习近平总书记在全国脱贫攻坚总结表彰大会上庄严宣告:"我国脱贫攻坚战取得了全面胜利……完成了消除绝对贫困的艰巨任务,创造了又一个彪炳史册的人间奇迹!"脱贫攻坚任务完成后,政策重点将转向缓解相对贫困。从国际经验来讲,社会保障体系是人们分担社会风险、提高风险抵御能力的基础制度设计,也是消除和缓解贫困的重要社会制度。我国的社会救助制度要从解决绝对贫困转向缓解相对贫困。但是,我国现行社会救助相关法律法规较为分散,缺乏运行保障服务机制,导致社会救助效果不理想。《社会救助暂行办法》按项目对社会救助进行规定,包括最低生活保障、特困供养、受灾、医疗、教育、住房、就业救助和临时救助,但项目划分标准并不统一。其中最低生活保障、特困人员供养和受灾人员救助等以救助对象为依据,医疗、教育和住房救助则按其给付内容划定,实践中又由不同部门管理,未细分各救助项目请求权内容,而且受助条件均与最低生活保障资格挂钩,可能导致需要救助的社会成员或家庭无法根据八个救助项目获得救助。而且,八个社会救助项目涉及多个主管部门,导致救助效率不高。

二、难以救助灵活就业人员

《社会救助暂行办法》第 28 条、第 33 条、第 37 条、第 42 条中规定的医疗救助、教育救助、住房救助、就业救助这些专项救助的对象主要是最低生活保障家庭成员,其中医疗救助、教育救助、住房救助的对象也包括特困供养人员。而最低生活保障以家庭的人口状况、收入状况、财产状况作为救助的标准,但由于灵活就业人员收入具有不规律性和不确定性,这就会导致部分陷入困境的社会成员因不符合最低生活保障的标准而无法获得救助,社会救助法律制度对于灵活就业群体可能难以有效发挥作用。

三、被救助者的自助责任规定不够清晰

《社会救助暂行办法》中关于被救助者的自助责任规定得不够清晰,关于被救助者的义务零散地规定在第 45 条、第 58 条和第 59 条中。根据权利义务相对应的原则,在社会救助立法中,应设专章对被救助者的义务

进行明确规定。《社会救助暂行办法》第 14 条关于特困人员供养进行了规定,即供养前提是"穷尽其他帮助",但是认定"其法定赡养、抚养、扶养义务人无赡养、抚养、扶养能力"的标准不够明晰。《社会救助暂行办法》及相关法律法规更倾向于对被救助者提供物质帮助,把被救助者当作被动的接受者,这种规定忽视了鼓励被救助者自立的相关措施,无法使其实质性地摆脱相对贫困的状况。近年来,社会救助实践逐渐向发展型社会救助转变,因此,出现了强制有劳动能力的被救助者工作,被救助者因拒绝工作而失去被救助资格的案例,如张红林与沈阳市于洪区民政局案。① 实践中,一次拒绝即取消被救助资格与《社会救助暂行办法》第 45 条"连续三次拒绝"的规定相违背。②

四、临时救助的公平性和稳定性不足

我国《社会救助暂行办法》第九章第 47 条至第 51 条对临时救助的事项、程序等进行了规定,临时救助的具体事项和标准授权县级以上地方人民政府确定。结合实践中的救助情况,可以发现我国关于临时救助标准的规定灵活性有余,但公平性和稳定性不足。在审批程序方面,我国将临时救助的审批程序分为一般程序和紧急程序两种,紧急情况下可以按照规定简化审批手续,这一规定比较笼统。《社会救助暂行办法》未明确规定受理的乡镇人民政府、街道办事处,导致实践中大部分地方政府仍规定临时救助需向户籍所在地或居住地基层政府相关部门提出,很少有地方政府规定可向急难发生地相关部门提出救助的。③ 据统计,2020 年我国共实施临时救助 1380.6 万人次,其中救助非本地户籍对象仅8.4 万人次。④

五、未明确规定最低生活保障认定的"共同生活家庭成员"范围

《社会救助暂行办法》第 9 条中,对于最低生活保障认定的"共同生活家庭成员"范围没有明确规定。2021 年,民政部发布的《最低生活保障审

---

① 裁判文书网, https://wenshu. court. gov. cn/website/wenshu/181107ANFZOBXSK4/index. html?docId = 98912fd3a78043adbd86aad1009c61c0. 2022 - 08 - 31.

② 王健:《论发展型社会救助制度中的强制工作措施——以欧洲国家的经验为镜鉴》,载《交大法学》,2022(4)。

③ 韩君玲:《论我国社会救助法的基本原则——基于社会主义核心价值观融入的视角》,载《行政管理改革》,2021(1)。

④ 《2020 年民政事业发展统计公报》, https://images3. mca. gov. cn/www2017/file/202109/1631265147970. pdf,2022 - 08 - 26.

核确认办法》第 7 条规定,共同生活的家庭成员包括配偶、父母和未成年子女、已成年但不能独立生活的子女,包括在校接受全日制本科及以下学历教育的子女;其他具有法定赡养、扶养、抚养义务关系并长期共同居住的人员。实践中多依据各省、自治区、直辖市的规范性文件进行认定,标准并不统一,有的规定较为具体,如《辽宁省最低生活保障、低收入家庭对象认定办法》规定,"其他具有法定赡养、抚(扶)养关系且长期共同居住的人员(不包括能独立生活的 35 周岁以上子女和 35 周岁以下成年已婚子女)"。有的没有规定,实践中强调赡养、抚养义务,实则增加了获得救助的难度,最终导致一部分确需社会救助人员的社会救助权无法实现。《社会救助暂行办法》第 10 条明确规定,最低生活保障标准由省级政府或设区的市级政府设定,在实践中,地方政府基本上是以规范性文件的形式公布本地区的最低生活保障标准的。总的来说,上述标准缺乏法律规制,标准设定的客观性和公平性极易引发争议。

第五章　社会治安治理现代化的社会保障法律制度建构路径

　　我国社会保障法律制度经过多年的改革和完善,取得了令人瞩目的成就,全民社保体系初步形成。但是,由于制度碎片化、体系发展不平衡,法律供给不足,社会保障功能尚未充分发挥,在一定程度上阻碍了风险的分散和矛盾的化解。因此,强化社会保障功能是我国社会保障法律制度建构的重要方向。

　　最好的社会政策,就是最好的刑事政策,普遍公正能够化解紧张,为社会发展铺平道路。申言之,制度设计的缺陷以及制度运作的失真导致紧张无以化解,是社会公众不满的根本原因。[1] 世界银行和拉丁美洲发展银行的多项研究显示,拉美地区已经成为世界上犯罪率最高的、最不安全的地区之一,其犯罪率是世界平均水平的两倍。这主要是由于拉美国家在城市化早期未能重视并处理好城市二元结构难题,使城市演变成为贫困、社会歧视与环境恶化的温床,陷入"中等收入陷阱"长达半个世纪之久。因此,我们要吸取拉美的教训,尽早破解"城市二元结构"难题。[2] 预防犯罪比惩罚犯罪更高明,因此,需要科学的制度设计化解不适度的紧张。法律制度主要通过分配权利来建立正义。分配正义的重点是社会成员或群体成员之间权利、义务和责任的分配,主要是通过立法来实现初始分配和再分配的公平性。正如罗尔斯所言,"正义的对象是用来分配公民的基本权利和义务、划分由社会合作产生的利益和负担的主要制度"。[3] 完善的社会保障法律制度要坚持公平的立法理念和互助共济的立法原则,增强社会保障的互助共济性,促进其调节收入差距功能的实现,在此基础上实现社会稳定的社会治安治理的目标。

---

　　① 张小虎:《转型期中国社会犯罪原因探析》,211～260页,北京:北京师范大学出版社,2002。

　　② 樊继达:《城市二元结构:拉美警示与中国式应对》,载《国家行政学院学报》,2014(4)。

　　③ [美]约翰·罗尔斯:《正义论》,何怀宏、何包钢、廖申白译,5页,北京:中国社会科学出版社,1988。

尽管中国已经成为超大规模经济体，但是仍然面临着各种难以预见的风险挑战，习近平总书记指出："真正实现社会和谐稳定、国家长治久安，还是要靠制度。"①《中华人民共和国国民经济和社会发展第十四个五年规划和 2035 年远景目标纲要》中提出要"优化收入分配结构"；"加大税收、社会保障、转移支付等调节力度和精准性，发挥慈善等第三次分配作用，改善收入和财富分配格局"。"健全多层次社会保障体系。坚持应保尽保原则，按照兜底线、织密网、建机制的要求，加快健全覆盖全民、统筹城乡、公平统一、可持续的多层次社会保障体系。"2018 年 5 月中共中央印发了《社会主义核心价值观融入法治建设立法修法规划》，该规划明确要求："以习近平新时代中国特色社会主义思想为指导，坚持全面依法治国，坚持社会主义核心价值体系，着力把社会主义核心价值观融入法律法规的立改废释全过程，推动社会主义核心价值观全面融入中国特色社会主义法律体系。"权利保障是法律创设的法理基础，也是立法的逻辑起点。社会保障法律关系较为复杂，仅依靠行政和民事法律体系无法解决社会保障法律问题。②应该在坚持社会保障立法的公平的价值理念、明确法律体系建设目标的基础上，完善社会保障立法。

第一节　确立科学的立法理念

社会保障立法理念会直接影响到社会保障法律制度的具体设计。理念不明确，目标就无法明确。通过梳理我国社会保障法律制度的发展过程，我们发现在公平与效率之间的选择，将直接影响到国民的社会保障覆盖面及水平，并影响社会治安治理的成效。在公平与效率之间究竟如何取舍，是社会保障立法的基础。新中国的社会保障立法理念不断地根据社会实践的需求适时发展，也反映了时代的变迁，以及理论界、实务界对社会保障立法理念的认识与再认识。在不同的社会条件和背景下，对公平优先抑或效率优先的理解有所不同，如果把社会保障看作独立的法律制度，那当然应该是公平优先；如果把社会保障放在整个经济制度中考察，那效率就成了重点。就目前我国的情况来看，阻碍经济效率的因素之一就是欠缺相

---

①　中共中央文献研究室：《切实把思想统一到党的十八届三中全会精神上来》(2013 年 11 月 12 日)，《十八大以来重要文献选编》(上)，548 页，北京：中央文献出版社，2014。

②　张宗良、褚福灵：《社会养老保险立法：逻辑依据、国际比较与经验启示》，载《兰州学刊》，2022(8)。

对公平的分配机制。因此,在理解社会保障法中的公平和效率的问题上,笔者认为,应从社会保障法自身出发,坚持公平优先,甚至在某些情况下,可以牺牲暂时的效率以实现社会稳定和经济的持续发展。效率和公平是可以统一的,正确处理好效率与公平的关系可以促进效率和公平。正如郑功成所言,"缓和社会不公平、创造并维护社会公平,是社会保障制度安排的基本出发点,也是社会保障实践的基本归宿";"社会保障要以维护并创造社会公平为原则,并非一定要以不讲效率为条件"。只有最大限度地发挥出社会保障制度的效率,才能更好地实现社会公平并促进社会治安治理目标的实现。①

我国处于工业化的后期,从城市化率和人均 GDP 来看,当前正是我国跨越"中等收入陷阱"的关键时期。② 库兹涅茨倒 U 形曲线假说认为,收入分配与经济增长之间存在倒 U 形关系。能否成功缩小收入分配差距,越过库兹涅茨拐点,是能否摆脱"中等收入陷阱",跻身高收入国家的关键。与此同时,我国目前已经进入了刘易斯拐点阶段,即由劳动力过剩到短缺的阶段,这一阶段应结束于城乡差距、系统差距消失。③ 社会风险不仅会使家庭之间,而且会使整个社会的收入差距增大。④ 医疗开支对收入较低的群体的影响较大,可能导致"因病致贫"或"因病返贫"。目前,我国居民收入分配差距还比较大,现有的社会保障制度在考虑居民收入阶段补偿上还存在不足。⑤ 有学者通过实证研究得出结论,健康状况是迄今为止最有影响力的幸福感预测因素,健康是高度优先的政策议程。⑥ 一系列的国际立法文件包括《世界卫生组织宪章》《世界人权宣言》《经济、社会和文化权利国际公约》确立了健康权作为基本人权。然而,现实却是因支付医疗费用而造成的贫困增加。据世界卫生组织(WHO)的全民医保(Universal Health Coverage,UHC)监测报告显示,与 15 年前相比,更多的人正遭受自掏腰包购买服务的后果,约 9.25 亿人将家庭收入的 10% 以上用于医疗保健,2 亿人将收入的 25% 以上用于医疗保健。解决问题的有效对策是有效的健康

---

① 郑功成:《社会保障学——理念、制度、实践和思辨》,257～259,北京:商务印书馆,2000。

② 蒋立山:《社会治理现代化的法治路径——从党的十九大报告到十九届四中全会决定》,载《法律科学(西北政法大学学报)》,2020(2)。

③ 蔡昉:《改革哲学:以人民为中心》,载《探索与争鸣》,2018(9)。

④ 曾国安、杨佩鸿:《灾难性医疗支出对中国居民家庭之间收入差距的影响——基于 CFPS 调查数据的研究》,载《江汉论坛》,2018(5)。

⑤ 李丹、江姗姗:《重大疾病医疗保障水平的测度》,载《统计与决策》,2019(15)。

⑥ Ngan Lam Thi Tran,Robert W. Wassmer,Edward L. Lascher. The Health Insurance and Life Satisfaction Connection,*Journal of Happiness Studies*,2017,Vol. 18 (2),pp. 409 – 426.

投资,即公平的全民医保。① 社会保障作为再分配的重要制度,应更多地体现公平,为充分发挥社会保障制度的功能,基于公平的立法理念建构制度体系。正如狄骥所说,"法律规则是建立在连带关系所形成的、一定时期的人们的自觉意识所存在的公平感之上的,不符合公平的规则,就不是法律规则"。② 只有通过立法,才能更好地确立全体社会成员公平享受社会保障的权利,只有建立公平统一的社会保障法律制度,才能增强社会保障制度的互助共济性,才能充分发挥社会保障缩小收入差距的作用,实现社会稳定。

第二节 确立科学立法的基本原则

法律原则"是可以作为众多法律规则之基础或本源的综合性、稳定性的原理和准则";③是"被确认为法律规范内容的基础性原理和价值准则,作为由法律明文规定的基本原则,其本身是成文法法律渊源的组成部分,可以作为审判案件的明确依据"④;是"法律制度内部协调统一的重要保障"。同时,它"对法制改革具有导向作用"。⑤ 法律原则也是社会成员的行为准则。任何与法律原则相违背的法条,都应当是无效的;而且,如果任何一项判决与法律原则不相一致,都应改判。因此,社会保障法的原则的确立,对于整个社会保障立法体系十分重要。社会保障法的基本原则包括公平原则、互助共济原则、权利和义务相对应原则、基本权利保障原则。

一、公平原则

合理的收入分配制度是社会公平的重要体现,是世界各国的社会政策制定者必须考虑的一个核心问题,即在顶层制度设计中社会保障制度是否应该有更多的公平取向和再分配机制。⑥ 承诺达到"公正社会",更能将所有人团结在一起,罗尔斯已经提出了最优的解决方案,即社会秩序建立在

---

① 2019 Monitoring Report: Primary Health Care on the Road to Universal Health Coverage, https://www.who.int/healthinfo/universalhealthcoverage/report/2019/en/. 2019.

② 狄骥:《宪法论·法律规则和国家问题》(第一卷),钱克新译,106 页,北京:商务印书馆,1959。

③ 张文显:《法理学》,71 页,北京:法律出版社,1997。

④ 朱景文:《法理学》,148 页,北京:法律出版社,1997。

⑤ 张文显:《法理学》,73 页,北京:法律出版社,1997。

⑥ [德]沃夫冈·舒尔茨:《全球政治经济视角下的社会保障:历史经验与发展趋势》,蔡泽昊译,载《社会保障评论》,2017(1)。

再分配的正义原则的基础之上。① 罗尔斯提出了两个正义原则,"第一个原则要求平等地分配基本的权利和义务,第二个原则认为社会和经济不平等只有其结果能给每个人,尤其是那些最少受惠的社会成员带来补偿利益,它们才是正义的"。② 在我国,关于社会保障中的公平与效率的关系问题,一直以来都是社会保障制度研究的热点,在市场经济体制建立初期有观点认为,社会保障法律制度应当效率优先。对此,大多数学者持反对观点,认为社会保障法律制度应具有更多的社会公平属性,但这与经济效率并不矛盾,基于社会公平的社会保障法律制度是提高经济效率的必要条件,公平也是社会治理所追求的基本价值。关于社会保障法的基本原则,很多学者支持公平与效率相结合的原则,他们认为,效率体现在结合各地实际,因地制宜地确定社会保障法律制度的内容、形式和标准等。还有的学者认为,福利国家保障项目多,待遇标准高,是因为只注重公平而忽略了效率导致的福利病。其实,标准高不意味着更公平。西方福利病的产生不是因为它们的社会保障法律制度更加注重公平,而是因为它们的社会保障法律制度与经济发展水平、总体状况不相一致。在确立了高标准之后,国家经济增长却放缓,同时,老龄化等一系列问题产生。社会保障法的目的价值中,公平的位阶高于效率。作为二次分配的手段之一,社会保障法的内容和形式应更加注重公平。标准的确定应与经济发展阶段相一致。社会保障法的公平性,体现为在社会成员之间进行横向收入调节,为低收入的公民提供基本的生活保障,实现社会共济。

在我国,社会保障的公平理念已经确立,我国宪法赋予了每个公民社会保障权,公民都应当平等地享有社会保障权,这是法律面前人人平等原则的体现。目前,城居保与新农保、新农合与城居医保制度整合,有利于促进社会公平,强化社会保障的功能,使现阶段我国社会保障法律制度体系框架相对统一。但是,具体实施时却存在地区间的差异,社会保障权益公平的理念仍没有得到完全有效的贯彻,③导致社会保障制度碎片化,直接造成地区间的不公平。社会保障立法应与宪法相一致,落实社会保障权利平等,打破城乡分割、地区分割、职业分割,实现"参保身份平等"。"参保身份平等"是社会保障制度充分发挥缩小收入差距,维护社会稳定的前提。

---

① [美]罗纳德·J. 博格、小马文·D. 弗瑞、帕特里克亚·瑟尔斯:《犯罪学导论——犯罪、司法与社会》(第二版),刘仁文等译,597~605 页,北京:清华大学出版社,2009。

② [美]罗尔斯:《正义论》,何怀宏、何包钢、廖申白译,14~15 页,北京:中国社会科学出版社,1988。

③ 何文炯:《数字化、非正规就业与社会保障制度改革》,载《社会保障评论》,2020(3)。

社会保障权必须由详尽的法律制度来保护,并对低收入的人实行补偿性援助。① 立法时,应理顺各方面的问题,在经济发展的基础上,保障资金的投入向低收入者倾斜,逐步改善待遇不公的状况。作为社会成员,在宪法确定的范围内都有权平等地享有社会保障权。不应因种族、民族、肤色、性别而受到任何歧视;也不应因身份、地位的不同而遭受差别待遇。这是社会保障权平等性的具体体现。

二、互助共济原则

法国法学家狄骥创立的社会连带主义法学认为,法律建立在互相依赖的连带关系上,社会连带关系是一切人类社会的事实。社会连带与社会保障法有着内在的牵连性和一致性。② 社会连带关系是一切人类社会的事实,为了生存,人类相互之间就必然建立一种关系。世界各国的社会保障立法都受到了社会连带思想影响,社会保障立法中普遍遵循社会连带理念,通过不同的形式将该思想贯彻在法律中。大多数国家的社会保障立法中体现出社会连带的理念,有一些国家还将社会连带明确规定在法律中。如日本的《国民年金法》明确规定,依靠国民的共同连带来防止因年老、伤残和死亡等导致的困境;法国社会保障法的基本原则之一就是互助共济。③ 社会保障制度与社会连带具有内在的一致性,社会保障的本质是在社会连带基础上的互助共济,互助共济是处理风险的有效方法。只有互助共济,才能更好地发挥社会保障制度收入再分配的功能,维护社会稳定。

社会保障是社会治理体系现代化的支柱性制度,这一制度安排应是科学且合理的,而不是可以任意创新或者忘记或忽略建制初衷的短期工具与手段。④ 我国社会保障法律制度中,还有一些与互助共济原则相悖的制度,影响了社会保障制度的功能,因此,有必要修改与之不相协调的法律法规。只有社会保障广覆盖,才能增强其抵御年老、疾病、失业、工伤等风险的能力,也才更有利于调节收入差距。基于该原则,应实行全体社会成员强制参保的制度,但我国目前只有职工实行强制参保,其他社会成员则自愿参保,因此,有必要修改《社会保险法》第10条、第20条、第22条、第23条、第24条、第25条的相关规定,明确规定全体社会成员强制参保。另

---

① ［美］阿瑟·奥肯:《平等与效率》,王奔洲等译,116页,北京:华夏出版社,1999。
② 董溯战:《论作为社会保障法基础的社会连带》,载《现代法学》,2007(1)。
③ 方乐华:《社会保障法》,32页,北京:世界图书出版公司,1999。
④ 中国社会保障学会理论研究组:《中国社会保障推进国家治理现代化的基本思路与主要方向》,载《社会保障评论》,2017(3)。

外,关于个人账户影响互助共济的问题目前已经得到了重视,《关于做好2019 年城乡居民基本医疗保障工作的通知》已明确要求城乡居民基本医疗保险制度中个人账户于 2020 年年底前取消,下一步应通过立法取消养老保险个人账户、城镇职工基本医疗保险个人账户,以盘活养老保险和医疗保险个人账户资金,增强社会保障制度的功能。

三、权利和义务相对应原则

社会保障权作为一项基本人权,在国际法律文件和各国宪法及相关法律中已经明确规定。我国宪法及法律中将其表述为"物质帮助权"等。立法中未明确规定社会保障权,导致社会保障所涉及的公民权利与国家义务这一法律关系模糊不清。① 在法律关系中,权利和义务相伴相生,权利和义务相对应,是权利义务关系的必然反映。没有无义务的权利,也没有无权利的义务。权利和义务的关系可以概括为,"结构上的相关关系,数量上的等值关系,功能上的互补关系,价值意义上的主次关系"。② 在社会保障法律关系中,权利和义务也是相对应的。社会成员是社会保障法律关系的权利主体,同时也是义务主体。梳理各国社会保障发展的进程可以发现,国家对社会成员享有的大部分保障项目都要求其履行缴费义务,"社会保险实行权利与义务相一致的原则,社会保险待遇应当是缴费的回报,而不是政府提供的免费午餐"。③

权利和义务相对应,不等于权利和义务完全对等。也就是虽然社会保障待遇是与缴费挂钩的,但并不是缴费的多少完全决定了待遇的高低。以缴费的多少来确定待遇的高低,不符合社会保障互助共济的本质特征。尤其是在社会救助中,包括对受灾人员救助、特困人员供养、最低生活保障家庭、特困人员、低收入家庭、支出型贫困家庭、受灾人员、生活无着的流浪乞讨人员、临时遇困家庭或者人员,以及需要急救、但身份不明或者无力支付费用的人员等的救助,并不以缴费为前提。

四、基本权利保障原则

人权问题是当今社会发展的重要问题之一。在马克思主义者看来,人

---

① 张宗良、褚福灵:《社会养老保险立法:逻辑依据、国际比较与经验启示》,载《兰州学刊》,2022(8)。

② 张文显:《法理学》,120 页,北京:法律出版社,1997。

③ [英]贝弗里奇 B.:《社会保障和相关服务》,劳动和社会保障部社会保险研究所组织,9页,北京:中国劳动社会保障出版社,2004。

权是人的各种权利的有机统一,包括经济、政治、社会、文化等各方面的权利,其中生存权是最基本的人权。我国《宪法》第 45 条规定:"中华人民共和国公民在年老、疾病或者丧失劳动能力的情况下,有从国家和社会获得物质帮助的权利。国家发展为公民享受这些权利所需要的社会保险、社会救济和医疗卫生事业。国家和社会保障残废军人的生活,抚恤烈士家属,优待军人家属。国家和社会帮助安排盲、聋、哑和其他有残疾的公民的劳动、生活和教育。"由此可见,《宪法》中的"物质帮助权"为其他法律法规细致、具体规定社会保障权提供了原则性的依据。为进一步贯彻《宪法》中体现的"物质帮助权"即社会保障权,社会保障的相关立法确有必要对此进行明确、具体的规定。

1948 年联合国大会通过的《世界人权宣言》第 22 条规定:"人既为社会之一员,自然享有社会保障权,并有权享受个人尊严及人格自由发展所必须之经济、社会及文化各种权利之实现。"第 25 条规定:"人人有权享受其本人及家属康乐所需之生活程度举凡衣食住医药及必要之社会服务均包括在内;且于失业患病残废寡居、衰老,或因不可抗力之事故致有他种丧失生活能力之情形时,有权享受保障。"2001 年,全国人大常委会批准我国加入的《经济、社会和文化权利国际公约》第 9 条规定:"本公约缔约各国承认人人有权享受社会保障,包括社会保险。"第 11 条规定:"本公约缔约各国承认人人有权为他自己和家庭获得相当的生活水准,包括足够的食物、衣着和住房,并能不断改进生活条件。各缔约国将采取适当的步骤保证实现这一权利。"可见,建立完善的社会保障法律制度既是我国《宪法》《世界人权宣言》和《经济、社会和文化权利国际公约》的要求,也是现代政府的一项基本职责,是保障人权的基本手段。

与人权相配套的权利保障机制非常重要。在社会生活中,每个人的天赋、能力等造成的综合能力有差别,导致弱势群体的产生,因此,仅有形式上的平等,可能造成结果上的极不平等。人权只有外化为法律权利,才能够真正成为保护弱势群体的利器。正如萨缪尔·约翰逊所言:"给穷人体面的供给乃是对文明的真正考验。"①许多国家的发展实践表明,在经济快速发展阶段,社会问题和矛盾会增多,必须关注弱势群体的利益,以便及时化解矛盾。法律作为维持社会秩序的根本规则,维护社会的正义,保护弱

---

① 　[英]罗伯特·伊斯特:《社会保障法》,周长征等译,1 页,北京:中国劳动社会保障出版社,2003。

势群体,是其一贯的价值追求。① 通过社会保障法律法规,将社会保障权转化为法律原则和规则,是社会保障法自身价值的体现。

以上几点原则应贯穿于社会保障立法始终。社会保障权是一项人权、是一项宪法权利,社会保障立法应以人为本。在社会保障法律制度的具体设置上,应以公平为基本价值理念,为社会成员之间进行横向收入调节,为低收入的公民提供基本的生活保障。

同时,笔者还认为,社会保障立法也应与经济发展水平相适应。马克思主义认为,法律是一切经济条件的直接反映,而经济条件是发展一切事业的物质基础,当然,它也是社会保障法律制度的物质基础。中国目前处于社会保障水平局部上升的初期阶段,保障水平有待逐步提高。社会保障水平应与各地区经济发展水平同步,从而形成可持续发展的良好机制。由于我国农村人口在总人口中占较大份额,而且城乡差距较大,在制定农村社会保障标准时,如高于农村实际生活水平,会在缴费方面增加农民的生活负担。反之,如果标准定得过低,又不能满足农民合理的保障要求。因此,在完善社会保障立法时,要考虑到社会保障资金筹措的实际困难,将社会保障资金征缴控制在公民能够承受的范围之内,从较低水平开始实施,逐渐提高保障水平,确保公民能依法享有最低基本保障的目标真正得以实现。在构建中国社会保障法律制度时,应当立足实际,贯彻保障水平与经济发展相适应的原则,同时随着经济发展水平的提高而逐步提高。对于各地区的经济发展有一定的差距的实际情况,社会保障法律制度建设应充分尊重这一现实,应根据我国生产力发展的实际水平来确定社会保障的标准以及资金筹集方式,等等。

综上所述,在立法过程中,应具体情况具体分析。中国地域辽阔、民族众多,各地区各民族的实际情况有差别,经济发展水平有较大差距。因此,在全国范围内实行统一缴费比例、统一待遇标准是不现实的。有必要授权各地方人大和政府根据本地区的实际情况制定有利于当地社会保障工作运行的地方法规和规章。由于我国各地发展不均衡,尤其是东西部差距较大,在社会保障基本法颁布后,各地区可以在基本法精神的指导下,结合本地区的具体情况,制定出地方性法规和规章。因此在全国性立法过程中,对于与经济发展水平有关的事项,应主要做原则性的规定,然后授权地方人大或政府制定具体的、针对性较强的法规和规章。

---

① 艾琳:《平台从业者职业伤害的权利保护:现实依据、理论基础及制度设计》,载《深圳大学学报(人文社会科学版)》,2021(4)。

目前,各地已经出台了一些社会保障法规。例如,上海市于 1996 年就推出了《上海市农村社会养老保险办法》;1997 年,广西壮族自治区颁布了《广西壮族自治区农村社会保障制度暂行办法》;1999 年 3 月 1 日,广东省颁布了《广东省社会救济条例》,并于 2010 年进行修正;江苏省张家港市于 2003 年颁布了《张家港市农民养老保险办法》。这些地方性法规和规章都在一定程度上对社会保障法律关系进行了调整。如前所述,在一定的历史时期,社会保障不可能实行完全的统一,而是应分阶段、分步骤地,在统筹思想的指导下,逐渐实现一体化。

第三节　社会保障法律制度的建设目标

社会保障法律体系建设首先应明确目标。不同职业、不同地区的公民的社会保障应有区别还是一致,涉及制度本身是否科学。制度统一是制度公平的前提,要发挥社会保障缩小收入差距的作用,破解社会保障制度的"碎片化",应从社会治安治理的高度全面考虑,在这个前提下,从宏观上对社会保障制度进行统筹规划,建立统一的社会保障法律制度。因此,社会保障法律制度的建设目标是破解社会保障制度"碎片化",尽快实现社会保障全国统一立法,通过法律明确规定社会保障全国统筹,从宏观上对社会保障制度予以统筹规划。纵观世界各国的立法实践,主要有两种立法方式:一是一部社会保障法典涵盖所有的制度,包括社会保险、社会救助、社会福利等;二是以社会保障法为基本法,分别制定社会保险法、社会救助法、社会福利法等。两种立法方式都有各自的优势和不足,我国社会保障立法的远期目标应是制定社会保障法典,近期则可以以《社会保障法》为基本法,同时分别制定针对不同领域的专门法律。具体而言,是指由于长期的政策惯性,在短时间内实现统一立法的条件尚不成熟。在这种情况下,可以适时地制定或完善社会保障各领域的基本法,建立社会保障法律体系,如按照传统的分类法,逐步制定《社会救助法》《社会福利法》,并修改和完善《社会保险法》。

目前,社会保障各领域中,已经实现领域内统一立法的是社会救助领域:1999 年颁布实施了《城市居民最低生活保障条例》,2007 年开始建立农村居民最低生活保障制度,2010 年颁布施行了《自然灾害救助条例》。在此基础上,制定了《社会救助暂行办法》,并于 2014 年颁布实施。《社会救助暂行条例》是我国第一部统一构建了社会救助制度体系的行政法规,对于保障公民的基本生活,维护社会稳定,促进经济发展发挥着重要的作用。

美中不足的是,作为社会救助领域的基本法,《社会救助暂行办法》是由国务院颁行的,相较于全国人大及其常委会制定、颁布的基本法,其立法层次稍有不够。因此,在理顺社会救助内部项目之间,以及与社会保险和社会福利之间衔接的具体规范的前提下,可以适时提高社会救助领域的立法层次。

在社会福利立法方面,目前我国已经针对不同群体分别立法,包括《残疾人保障法》《老年人权益保障法》《妇女权益保障法》《未成年人保护法》,按照区分领域统一立法的方案,需要在此基础上,总结经验,打破群体分割的立法方式,进行社会福利的统一立法。各省、自治区、直辖市和设区的市如有必要制定符合本地区实际情况的社会福利相关制度,可以先行制定地方性法规,通过立法保障社会福利制度的稳定性。

在社会保险立法方面,已经颁布的《社会保险法》维持了现有的"碎片化"的状况。为分散并有效应对社会成员面对年老、疾病、失业、职业伤害等风险,必须建构覆盖 14 亿人口、城乡一体化的社会保险法律制度。该制度的本质应是在社会连带基础上的互助共济,以及保障低收入群体的权利。只有坚持社会保障互助共济的本质,才能更好地发挥社会保障法律制度的缩小收入差距的功能,以化解社会矛盾,维护社会稳定。因此,应考虑将各项社会保障法律制度整合并统一立法,打破城镇职工和城乡居民保险法律制度之间的界限,建立起公平的社会保险法律制度。社会保险制度要向低收入群体倾斜,加强社会保障的互助共济性,提高工伤和失业保险的覆盖率。虽然《社会保险法》已于 2018 年进行了修改,但尚未触及核心问题。现阶段,可以通过充分发挥《社会保险法》的作用破解制度的"碎片化"。整合的难点在于企业社会保险、城乡居民社会保险与机关事业单位社会保险的统一。此外,《社会保险法》的可操作性还有待增强,除了已经制定的《工伤保险条例》《失业保险条例》外,基本养老保险和基本医疗保险方面还没有具体的行政法规。考虑到养老保险和医疗保险领域的立法相对滞后,提高立法层次不能一蹴而就,因此,可以先制定养老保险和医疗保险行政法规,将养老保险和医疗保险法律制度相关问题进行统一的规定,整合城镇职工养老保险和城乡居民养老保险、城镇职工医保和城乡居民医保。在医疗保险领域,我国的医疗保障改革已进行了 20 多年,覆盖率已经达到 95% 以上,各项制度经过摸索已经成熟,积累了大量的立法样本和制度成果,立法应当提上日程。医疗保险法律制度的具体内容应包括基本医疗保险、医疗救助、大病保险。诚然,行政法规可以在一定程度上解决立法相对不足的问题,但是,政府在社会保障法律关系中承担着法定的补贴责任，即政府是社会保障法律关系中的义务人，由义务人制定社会保障规则显然不符合法理，故社会保障法的立法主体应当是立法机关。而且应在总结经验的基础上由全国人民代表大会适时进行统一立法，通过立法保障社会保障制度的稳定性。

首先，充分利用《社会保险法》破解社会保障法律制度"碎片化"难题，远期目标是在养老保险方面，整合职工基本养老保险、公务员和参照公务员法管理的工作人员的养老保险和城乡居民养老保险三项基本养老保险制度体系。在医疗保险方面，整合城镇职工基本医疗保险、城乡居民基本医疗保险，建立统一的医疗保险制度。对参保对象、待遇标准、支付范围等进行明确统一的规定。现阶段，应当首先解决规范性法律文件过于繁杂的问题，同时加强《社会保险法》的可操作性，以之取代庞杂的规范性法律文件，实现立法的统一。

其次，应当明确规定全体居民强制参保。国家作为社会保障的义务主体，应当为全体社会成员提供公平的社会保障，建立覆盖全民的社会保障法律制度是社会保障法律理念与法律原则的要求。社会保障立法应涵盖所有社会成员，以使所有的社会成员都能公平充分地享有社会保障权益，这既是我国《宪法》赋予每个公民的基本权利，也是社会主义核心价值观的必然要求。社会保障立法还应包含所有的社会保障项目，确保社会保障项目的运行都有法可依。

《社会保险法》第10条、第23条、第24条、第25条、第33条、第44条规定，职工强制参保，但是没有要求无雇工的个体工商户、非全日制从业人员等灵活就业人员等强制参保。建立统一的社会保障法律制度的重点还包括完善农村社会保障立法。德国在社会保险立法之初就针对农民专门制定了法律。我们可以借鉴德国的经验中的合理部分，供我国立法参考。首先，应赋予农民平等地享有社会保障权利，这样既有利于社会稳定，也符合保障人权的要求。其次，完善农村社会保障立法，提高立法层次，积极推动农村社会保障法律体系的构建。城镇居民基本医疗保险制度和新型农村合作医疗制度建立以来，发挥了重要作用，但两项制度城乡分割的负面作用也开始显现，存在着重复参保、重复投入、待遇不够等问题。《国务院关于整合城乡居民基本医疗保险制度的意见》的颁布具有重大意义，但是其立法层次偏低，应在适当的时候提高立法层次。一方面，要由地方立法向中央立法发展。目前，我国社会保障立法主要是地方立法，比较分散，应加快中央立法，以此来指导地方立法，改变立法层次低的状况，并使相互不协调的法规规定逐渐趋于协调。另一方面，要由行政立法向人大立法发展。行政法规效力较低,执行力不如人大立法,因此,应在行政立法的基础上,逐渐进行人大立法。

最后,社会保障立法应与经济发展水平相适应。社会保障立法中始终要考虑的问题是与经济发展水平相适应。我国《宪法》明确规定,"国家建立健全同经济发展水平相适应的社会保障制度"。我国社会保障法律制度的发展历程,也伴随着对社会保障水平的探讨与实践,比如 1957—1966 年的工伤保险制度,就明显超出了当时的经济发展水平。而 1966—1977 年建立的农村合作医疗制度,得到了联合国妇女儿童基金会的高度肯定,被赞为"不发达国家提高医疗卫生水平的样本"。[①] 改革开放前,在全民所有制基础上,建立的城镇国有企业职工养老保险制度,随着 20 世纪 80 年代开始的企业改革无法继续推行;农村合作医疗制度,也随着家庭联产承包责任制的推行而名存实亡。在经济制度及经济发展水平不断提高的情况下,迫切需要建立替代性的制度。在人均 GDP 较低的情况下,我国各项社会保障制度建立起来,而社会保障制度全面建立后,随着时间的推移,制度分设、城乡分割的问题也开始显现出来。发展经济需要稳定的社会环境,要缩小收入差距,需要完善社会保障法律制度,需要处理好经济发展和社会保障之间的关系。虽然我国已经成为全球第二大经济体,但是据国际货币基金组织 2019 年 4 月对经济发展的分析,2018 年我国的人均 GDP 在世界 185 个国家或地区中仅排名第 72 位。因此,在现阶段,不能片面强调提高社会保障水平,还要充分发挥社会保障在社会治安治理的作用,在再分配中调节收入差距的作用。社会保障立法要坚持广覆盖,强调实质公平性,优先保障最迫切需要保障的弱势群体。

建立全国统一的基本社会保险的缴纳和给付标准,需要根据国家财力状况,通过立法明确规定国家财政对社会保障的补贴,并规定各省、自治区可根据实际情况的浮动范围。在经济发展的基础上,应适度同步推进社会保障法律体制的建设,有计划、有步骤地提高社会保障水平。

[①]   邓大松:《新中国 70 年社会保障事业发展基本历程与取向》,载《改革》,2019(9)。

第六章 社会治安治理现代化的社会保障法律制度的完善

　　党的十八大以来,党中央坚持"以人民为中心"的发展思想;党的十八届三中全会提出"建立更加公平可持续的社会保障制度";党的十九大报告强调"提高保障和改善民生水平";党的二十大报告要求"增进民生福祉,提高人民生活品质"。这些都表明党中央对社会保障建设和民生事业的关注。党的十八届四中全会通过的《中共中央关于全面推进依法治国若干重大问题的决定》明确提出,要"加快保障和改善民生、推进社会治理体制创新法律制度建设"。《中共中央关于坚持和完善中国特色社会主义制度推进国家治理体系和治理能力现代化若干重大问题的决定》突出强调建设中国特色社会主义法治体系、法治国家是坚持和发展中国特色社会主义的内在要求,并首次提出"民生保障制度"的概念,亦对社会治理体系进行了深刻阐述,要求用制度保障人民权益。社会保障制度是迄今为止人类社会创造的解决社会问题的最佳制度安排,既是社会治理现代化目标,也是社会治理现代化内容,[1]更是社会治安治理现代化的途径。习近平总书记指出,"人类社会发展的事实证明,依法治理是最可靠、最稳定的治理"。[2]法治是国家治理体系和治理能力的重要依托。[3] 由于我国采取了渐进改革的方式,也即试点先行、由点到面,在一定程度上导致了区域分割、群体分化的局面,影响了社会保障法的强制性,弱化了社会保障制度的功能,并可能最终危及社会公正和社会稳定。因此,要充分发挥社会保障制度在社会治安治理中的作用,社会保障法律制度体系不能依赖于地方立法浅尝辄止式的创新,必须自上而下地做好顶层设计。应坚持立法先行,借鉴典型国家的经验,统筹规划、构建科学的社会保障法律制度。在充分尊重社会

---

　　① 刘继同:《欧美社会福利立法典范的制度演变与历史规律》,载《甘肃政法学院学报》,2017(5)。

　　② 习近平:《依法保障"一国两制"实践》(2014年11月—2019年12月),载习近平:《论坚持全面依法治国》,120～121页,北京:中央文献出版社,2020。

　　③ 蒋立山:《社会治理现代化的法治路径——从党的十九大报告到十九届四中全会决定》,载《法律科学(西北政法大学学报)》,2020(2)。

保障制度与社会治安治理的理论逻辑,深刻认识其从源头化解矛盾、降低违法犯罪、促进公平正义等方面的重要作用的基础上,完善社会保障法律制度体系,进行整体统筹规划,在制度设计中,注意发挥社会保障制度的功能。

中国特色的社会治理制度决定了中国的社会保障法律制度也必然具有自己的特色,但这种特色应遵循社会保障法的基本规律。当下,我国的社会保障制度已经进入定型化阶段,在这一阶段要破解社会保障制度发展症结,就需要在总结经验的基础上,进行统一立法,统筹规划建构科学的社会保障法律体系,借鉴国外社会保障法律制度改革的经验,由社会保障立法引领改革,确保社会保障法内部各领域相互之间的有机衔接与有效协同,发挥社会保障的制度功能。相比德国、日本等国而言,我国社会保障立法层次低,法律体系不健全,由人大立法的只有《社会保险法》《军人保险法》。而且,现有立法还存在相互矛盾的地方,需要尽快在原有的行政法规、部门规章的基础上,推动统一立法进程。

第一节 完善养老保险法律制度

一、建构多层次养老保险法律体系

党的二十大报告要求,"发展多层次、多支柱养老保险体系"。建立多层次养老保险体系以应对人口老龄化是世界各国养老保险改革的共同选择。社会保障的基本功能即社会"稳定器"和经济"助推器"。作为社会保障制度中的最重要内容之一的养老保险制度,单一层次难以解决老年群体日益增长的美好晚年生活需要与养老保障制度不平衡不充分发展之间的矛盾,只有多层次的制度设计才能实现养老保险的多重功能:减少收入不平等,消除贫困,有效应对养老保险制度的经济、政治和人口风险,降低犯罪率,促进社会稳定和经济发展。我国建立多层次养老保险制度体系的目标已经明确,但尚未完全建成。现有体系在应对人口老龄化趋势方面存在着互助共济性不强、体系发展不平衡、可持续性弱化、社会风险累积等一系列亟待研究解决的突出问题。而且,养老保险制度发展表现出较强的路径依赖性,对其进行改革必然导致对既有利益格局的调整,甚至在一定程度上可能引发社会风险。故在制度定型化的重要时期,从社会治安治理现代化的高度,对多层次养老保险体系进行反思与研究,具有特别重要的理论与应用价值。

1. 关于多层次养老保险制度研究

联合国经济合作与发展组织的研究表明,面对人口老龄化带来的挑战,多层次养老保险制度受到各国的青睐。国外多层次养老保险的系统性研究开始于 20 世纪 70 年代,由于世界性经济危机,养老保险结构性改革开始受到重视,相关研究多集中于基本养老保险与补充性质的职业年金上。我国学者自 20 世纪 80 年代末开始对养老保险多层次体系进行研究。林义(1994)比较早地提出 21 世纪的全球养老保险改革趋势是建立多层次养老保险制度。[1] 近年来,随着我国社会保障顶层设计的不断完善,有关多层次养老保险体系的现状分析、困境探讨、政府责任、制度创新、目标思路、改革完善的相关研究不断深入。综合而言,国内外对多层次养老保险体系的研究主要集中在四个方面。

(1)关于多层次养老保险改革发展战略的总体构想的研究。世界银行于 1994 年和 2005 年分别提出了养老保险三支柱[2]和五支柱[3]理念。国际劳工组织主张建立多层次的养老保险制度应以法定养老保险为核心,并促进这一制度的公平。郑功成(2011)提出了我国养老保险改革发展战略的总体构想、战略目标和战略措施等设计思路。[4]

(2)关于多层次养老保险体系的创新研究。林义(2017)对我国多层次养老保险制度发展缓慢的原因进行了深入的分析,提出了创新和优化构想,对第一层次养老保险进行创新和整合,充分发挥第二、第三层次的作用。[5] 穆怀中等(2020)依据养老保障三种收入再分配的性质,提出现收现付代际转移、个人生命周期、社会财富收入再分配的三支柱新型养老金制度。[6] 董克用、孙博(2011)主张建立普惠制国民养老金的零支柱,现收现付制的第一支柱,完全积累制的第二支柱和自愿性的个人养老储蓄计划的第三支柱。[7] 成志刚、文敏(2019)建议养老保险体系由国民养老津贴制度、国民年金制度和商业养老金制度构成,其中国民养老津贴制度要实现

---

①　林义:《论多层次社会保障模式》,载《中国保险管理干部学院学报》,1994(1)。

②　世界银行:《防止老龄危机——保护老年人及促进增长的政策》,劳动部社会保险研究所译,北京:中国财政经济出版社,1996。

③　Holzmann R,HINZ R:Old Age Income Support in the 21st Century:An International Perspective on Pension Systems and Reform,World Bank,2005:1-4.

④　郑功成:《中国社会保障改革与发展战略(总论卷)》,25~26 页,北京:人民出版社,2011。

⑤　林义:《中国多层次养老保险的制度创新与路径优化》,载《社会保障评论》,2017(3)。

⑥　穆怀中、范璐璐、陈曦:《养老保障制度"优化"理念分析》,载《社会保障研究》,2020(1)。

⑦　董克用、孙博:《从多层次到多支柱:养老保障体系改革再思考》,载《公共管理学报》,2011(1)。

底线公平,国民年金制度要求强制参保,商业养老保险则通过税收优惠鼓励参保。[①] 为应对人口老龄化,各国都进行了养老保险改革,采取了一系列措施:引入或加强老年人的基本保护,转向强制性 DC 计划,鼓励自愿保险,提高退休年龄等(Holzmann,2013;[②]Milos,2012[③])。

(3)关于基本养老保险制度的研究。郑功成(2015)指出优化职工基本养老保险制度的根本出路在于真正实现全国统筹。[④] 刘志昌(2014)主张实现基本养老保险应消除制度割裂和待遇差别。[⑤] 景天魁、杨建海(2016)指出在建立多层次养老保险体系时不能忽略底线公平。由于我国收入不平等问题较为突出,加之城乡分割的社会现状,应建立全体社会成员同享的非缴费性养老金,实现社会的公平正义。[⑥] Willmore(2006)认为低收入国家有能力负担非缴费的普遍基本养老金。[⑦]

(4)关于补充养老保险制度的研究。世界各国学者都认为企业(职业)年金和商业养老保险是解决养老保险预算失衡的办法,如郑秉文(2018)[⑧];Cojocaru、Suciu(2016)[⑨]等。很多国家也都积极地进行了养老保险体系改革,自 1981 年以来,近 40 个国家用私人管理的固定缴款(FDC)制度取代了全部或部分 DB 计划。然而,在过去十年中,这些国家中约有一半随后削减或完全取消了固定缴款计划(Takayama,2002;Chłon-Dominczak、Bielawska & Stanko,2014;Kay、Felix & Sinha,2014 年;Pallares Mirales、Romero & Whitehouse,2012;Zheng,2011)。部分国家的企业(职

---

① 成志刚、文敏:《新中国成立 70 周年养老金制度的历史演变与发展图景》,载《湘潭大学学报(哲学社会科学版)》,2019(5)。

② Holzmann R. Global Pension Systems and Their Reform: Worldwide Drivers, Trends and Challenges,*International Social Security Review*,2013,66(2):1-29. doi:10. 1111/issr. 12007

③ Milos,M. C. Demographic Effects upon Social Security Sustainability. Annals of Eftimie Murgu University Resita,Fascicle II,*Economic Studies*,[s. l.],pp. 268-271,2012.

④ 郑功成:《从地区分割到全国统筹——中国职工基本养老保险制度深化改革的必由之路》,载《中国人民大学学报》,2015(3)。

⑤ 刘志昌:《基本养老保险均等化的群体比较》,载《理论月刊》,2014(10)。

⑥ 景天魁、杨建海:《底线公平和非缴费性养老金:多层次养老保障体系的思考》,载《学习与探索》,2016(3)。

⑦ Willmore L: Universal Age Pensions in Developing Countries: The Example of Mauritius,*International Social Security Review*,2006,59(4):67-89.

⑧ 郑秉文:《改革开放 40 年:商业保险对我国多层次养老保障体系的贡献与展望》,载《保险研究》,2018(12)。

⑨ Cojocaru C,Suciu CM. The Demographic Evolution and the Sustainability of the Pension Systems,*Young Economists Journal / Revista Tinerilor Economisti*,2016,13(26):5-14.

业)年金的作用远未达到多支柱理念的预期目标(*Angelaki*,2016①;Garcia,2017②)。而且,部分国家税收激励居民储蓄的效果也并不明显(Dundure & Sloka,2020)。成欢、林义(2019)认为允许个人账户基金在多层次体系中转移,既不会影响现有的基本养老保险覆盖率,又能促进补充养老保险扩大覆盖面。③ 还有学者关注补充养老保险可能加剧社会不平等的问题。Greve(2018)认为多层次养老保险制度中的税收鼓励下的个人退休储蓄会加剧社会不平等。④ Emmanuele & Martin(2018)则认为,由于复杂的社团管理,多层次的养老保险制度中的企业年金不会加剧社会不平等,但是,主要依靠自愿主义的国家往往会导致社会不平等的加剧。⑤ Olivera(2016)证明通过制度设计可以降低实际养老金不平等。⑥

　　已有的研究成果为我国多层次养老保险体系建构提供了理论上的支撑,具有重要的学术和实践价值。然而,与国外大量的研究相比,国内的研究还存在不足:一是欠缺从养老保险功能的视角以及对社会稳定的影响的高度上的考虑,多是对补充养老保险这一单一层次制度的研究;二是多认为基本养老保险挤占了补充养老保险的发展空间,缺少从社会治理现代化的高度对各层次养老保险制度进行的系统研究。鉴于此,本书主要从社会治安治理现代化的高度,从养老保险制度功能的视角出发对各层次养老保险制度进行研究,以期找到制约体系发展的障碍,建构完善的多层次养老保险法律体系。

　　近年来,国务院出台了一系列养老保障相关文件,进一步优化了养老保障体系。目前,我国多层次养老保险体系的各层次结构与功能定位仍相对模糊,仍有观点主张借鉴智利模式实现基本养老保险制度私有化,但是实际情况是智利公共养老金私有化导致了社会危机,以致不得不重建公共

---

①　Angelaki M. Policy Continuity and Change in Greek Social Policy in the Aftermath of the Sovereign Debt Crisis, *Social Policy & Administration*, 2016, 50 (2): 262 – 277. doi: 10. 1111/spol. 12214.

②　Garcia M. Overview of the Portuguese Three Pillar Pension System, *International Advances in Economic Research*,2017,23(2):175 – 189.

③　成欢、林义:《多层次养老保险协同发展的联动机制及配套政策研究》,载《经济理论与经济管理》,2019(9)。

④　Greve B. At the Heart of the Nordic Occupational Welfare Model: Occupational Welfare Trajectories in Sweden and Denmark, *Soc Policy Admin*,2018,52:508 – 518.

⑤　Pavolini E, Seeleib-Kaiser M. Comparing Occupational Welfare in Europe: The Case of Occupational Pensions, *Soc Policy Admin*,2018,52:477 – 490.

⑥　JAVIER Olivera. Welfare, Inequality and Financial Effects of a Multi-Pillar Pension Reform: The Case of Peru, *The Journal of Development Studies*,2016 Vol. 52, No. 10,1401 – 1414.

养老金制度。也有观点认为,政府不应承担养老保险的财政责任,但是,政府承担养老保险的财政责任是各国的普遍做法,比如,美国通过税收筹集资金并通过财政给付养老金,德国政府承担1/4的养老金给付责任。在补充养老保险发展问题上也存在误区,如孤立地强调发展补充养老保险,甚至为资本摇旗呐喊,争取政策扶持。因此,应在明确多层次养老保险功能定位的基础上,确定养老保险法律体系的结构。

2. 建构多层次养老保险法律制度

(1)建构基本养老保险法律制度。养老保险作为社会保障制度体系的一部分,在收入不平等的调节、社会公平正义和社会稳定的实现、经济持续健康发展的推动、社会风险的预防和化解等社会保障制度目标中起着至关重要的作用。我国养老保险法治建设的水平与多层次养老保险体系的发展程度严重不相符。渐进改革方式在养老保险改革初期有一定的积极意义,也取得了一定的成绩,但是,目前分散制度导致的效率低下,阻碍了风险的分散,严重影响了养老保险制度功能的发挥。养老保险制度已经进入定型化阶段,在这一阶段要破解养老保险制度发展症结,就需要在总结经验的基础上,完善养老保险制度,就是要达到养老保障水平"适度"和养老制度"可持续"发展的目标。不仅要追求发展的规模,还要关注养老保险法律体系的结构。

基本养老保险的核心在于促进社会收入再分配,立法中应坚守互助共济的本质。重视风险较高和保障需求较高的参保人群,使养老保险制度更加公平、更可持续、更有效率,从而实现社会治安治理现代化,从源头化解矛盾,实现国家的长治久安。基本养老保险作为第一层次,是整个养老金法律制度改革的核心和重点,在一定程度上决定着第二、第三层次养老金的发展规模。① 基本养老保险制度全覆盖是构建多层次养老保险体系的基础,还应尽快打破制度分设、地区分割的不公平格局。打破户籍、地域、职业的限制,进行统一立法,改革现有的按职业和地域分散立法的方式,改变现有的行政机关立法而非立法机关立法的现状,由人大制定养老保险法。我国目前的立法方式是在《社会保险法》的统领下,对养老保险相关问题通过法规或政策性文件的方式进行规制。鉴于目前的立法现状,建议制定单项《养老保险法》,具体内容包括基础养老金、基本养老保险、企业(职业)年金、商业养老保险。整合现有的《社会保险法》《企业年金办法》

---

① 施文凯、董克用:《美德两国基本养老保险待遇确定机制的经验与启示》,载《社会保障研究》,2022(4)。

《机关事业单位职业年金办法》及《关于加快发展商业养老保险的若干意见》等相关法律条文,改革部分不利于养老保险功能发挥的条款,比如在企业年金的信托模式之外增加保险合同方式,将基本养老保险中的个人账户与企业年金或商业养老保险合并,明确在法律中规定基础养老金中央和地方承担的比例等,以增强养老保险的互助共济功能。建立完善的基本养老保险法律制度,可以从以下两方面着手。

一是建立基础养老金法律制度。我国虽然已是全球第二大经济体,但人均收入水平仍低于世界平均水平,而且收入不平等问题突出,纵观国际普遍做法,欠发达国家多是采用全民普惠方式建立非缴费性养老保险制度,这种方式可以在一定程度上缓解养老金差距越来越大的问题,而且可以节省实施家计调查而投入的行政资金。由于我国人均国民生产总值远远高于多数已经实施非缴费性养老金的欠发达国家,因此,建议建立基础养老金法律制度,即世界银行倡导的非缴费零支柱。建立全民共享的基础养老金法律制度是在财政负担能力完全可以承受的范围内的。基础养老金主要来源于税收,中央和地方地府都应承担起基础养老金的财政给付责任,按照一定比例分别承担。按社会平均工资的一定比例发放,虽然我国各地经济发展程度有所不同,但由于基础养老金金额较少,待遇水平可以全国统一,目的是保障老年人的最基本生活,防止老年贫困,发挥养老保险制度从源头化解社会矛盾、维护社会稳定的重要作用。现阶段,可以完善城乡居民养老保险制度财政补贴激励机制,以促进个人缴费档次的提高;增加机关事业单位养老保险法律制度中的个人责任,降低政府责任。

二是通过立法明确、适时提高领取养老金的年龄。纵观世界各国养老保险制度的发展,在应对人口老龄化问题上最为有效、效果最为显著的办法就是提高领取养老金年龄。但是,在经济下行压力进一步加大的形势下,受多方面因素影响,推行提高退休年龄的政策难度较大,在综合分析国际国内情况,从社会治安治理的高度全面考虑的前提下,可以推行渐进式延迟法定退休年龄的退休制度。为了减少改革的阻力,可以借鉴其他国家的做法,建立弹性领取养老金制度,由劳动者根据自身的情况,在法定最早领取养老金的年龄和正常领取养老金年龄之间选择,如果没有达到正常领取养老金年龄时申请领取养老金,那么养老金将因为没有达到法定领取养老金年龄而相应减少。

(2)建构补充养老保险法律制度。无论是否建立了多层次养老金制度,公共养老金制度在世界许多国家都面临重大财政困难。企业年金被认为是解决社会保障预算失衡的一个重要部分的解决办法。[①] 但是,由于一些早期的改革者的失败,一些国家开始缩减企业年金。[②] 企业年金制度建设在很多国家都遭遇了困难。促进补充养老保险发展应根据我国的国情,借鉴世界各国的经验有序进行。我国市场主体中小微企业和个体私营企业占比较大且企业生存周期不长。截至 2013 年年底,全国企业总数为1527.84 万家。其中,小型微型企业 1169.87 万家,占企业总数的76.57%。在将4436.29 万户个体工商户并入统计后,小型微型企业所占比重达到94.15%。[③] 因此,促进小微企业参与企业年金是多层次养老保险体系发展的关键。促进企业年金发展需要多措并举,首先,我国小微企业平均生命周期仅三年,可以考虑适应我国市场主体的特点,依托行业协会立法建立小微企业的集合年金计划。其次,针对小微企业加入企业年金动力不足的状况,可以增加保险合同方式,吸引小微企业加入年金计划。再次,针对居民收入偏低的问题,可以借鉴德国经验,针对低收入群体的困难,由立法明确规定财政提供一定比例的补贴,完善政府财政补贴激励机制。最后,在促进补充养老保险发展的同时,应避免企业年金加剧收入不平等的问题,企业年金的替代率不应过高。通过法律制度改革,加强基本养老保险互助共济功能,以减轻补充养老保险可能引起的收入差距扩大的问题。

二、机关事业单位与企业养老保险并轨的法律对策

机关事业单位养老保险制度改革已全面启动,为顺利推进养老保险并轨,必须完善养老保险法律制度,为改革提供制度支撑。2015 年 1 月,国务院发布了《关于机关事业单位工作人员养老保险制度的决定》,明确了改革的目标与原则,这是我国养老保险体系建设的重大突破。2015 年 3月,国务院发布了《关于机关事业单位职业年金办法的通知》;2015 年 6月,人力资源和社会保障部发布了《机关事业单位工作人员养老保险信息系统建设的指导意见》,作为对机关事业单位养老保险改革的配套措施。

---

① Cojocaru C, Suciu CM. The Demographic Evolution and the Sustainability of the Pension Systems, *Young Economists Journal / Revista Tinerilor Economisti*,2016,13(26):5 - 14.

② Adascalitei, Dragos;Domonkos, Stefan. Reforming Against All Odds:Multi-pillar Pension Systems in the Czech Republic and Romania,*International Social Security Review*, Apr 2015, Vol. 68 Issue 2,pp. 85 - 104.

③ 工商总局:全国小型微型企业发展情况报告, http://www. gov. cn/xinwen/2014 - 03/31/content_2650031. htm.

机关事业单位养老保险改革是"十四五"期间的重要改革措施之一。《中共中央关于制定国民经济和社会发展第十四个五年规划和2035年远景目标的建议》指出,要"健全覆盖全民、统筹城乡、公平统一、安全规范、可持续的多层次社会保障体系"。改革中涉及的具体法律问题,仍需我们进一步探讨。

经过实证检验证实,在社会治安方面,养老保险与犯罪率的相关性更为明显,因此,应优先改革养老保险制度,改变现有的碎片化的制度,建立多层次养老保险体系。当前,我国养老保险制度分设、地区分割的不公平格局影响了养老保险调节收入差距的功能。2015年1月,国务院发布的《关于机关事业单位工作人员养老保险制度的决定》是养老保险制度从"碎片化"向"大一统"发展迈出的历史性的一步。但在具体的实施改革过程中,还有很多需要注意的地方。

目前,我国养老保险主要包括机关事业单位养老保险、城镇职工养老保险、城乡居民基本养老保险,不同养老保险制度之间的待遇水平差异较大,扩大了收入差距,甚至出现对收入分配的"逆向调节"作用。[①] 这三项制度都采取统账结合模式,但待遇水平有差别,其中机关事业单位退休人员的养老金替代率高达80%左右,城镇职工养老保险金替代率近50%,[②]而参加城乡居民养老保险的,包括部分因各种原因而未能加入城镇职工养老保险的城市居民和农村居民,养老保险金的替代率还不到15%。3.6亿多城乡居民基本养老保险的缴费参保者中有90%以上选择的是最低定额缴费(每年100元左右),是只具象征意义的参保人,其中至少还有1亿以上的农民工作为就业者本应成为职工基本养老保险的参保人。[③] 与多数发达国家养老保险制度立法先行,全国统一推进不同,我国养老保险制度建立最初允许地市级政府自主选择个人账户规模,导致各地养老保险制度存在差别。1995年,国务院决定推出企业职工养老保险实行统账结合模式,并明确地市级政府自主选择大小不一的个人账户规模。1997年,国务院决定建立统账结合基本养老保险制度初期,将统账结构设定为20%和8%,但各地情况还是有所不同。

在双轨制引发的矛盾日益突出的情况下,笔者认为可以借鉴日本共济

---

① 鲁元平等:《基本养老保险与居民再分配偏好》,载《中南财经政法大学学报》,2019(5)。

② 郑功成:《多层次社会保障体系建设:现状评估与政策思路》,载《社会保障评论》,2019(1)。

③ 华颖、郑功成:《中国养老保险制度:效果评估与政策建议》,载《山东社会科学》,2020(4)。

年金并入厚生年金的做法,建立机关事业单位与企业工作人员统一的基本养老保险法律制度,适时地制定统一的基本养老保险法。建立公平的养老保险制度,所谓公平,一是要实现养老保险的全覆盖;二是要发挥养老保险收入再分配的作用。虽然统一养老保险的目标已经确立,但养老保险法律制度的统一并非一蹴而就。在法律制度的构建中,要注意打破基本养老保险领域内企业与机关事业单位人才流动的壁垒,需要健全相关法律,确实保障人才流动没有养老的后顾之忧。虽然现阶段机关事业单位养老保险单独立法是基于历史国情的现实考量,但是后续相关配套法律制度的建立和完善,还是要注意养老保险待遇法律规定的协调与衔接,避免新制度中人才流动的阻力加大。

第二节　完善医疗保障法律制度

2020 年 2 月 25 日,《中共中央国务院关于深化医疗保障制度改革的意见》明确要求提高医疗保障治理法治化水平。2022 年 6 月,医疗保障法立法工作取得突破性进展,《医疗保障法(征求意见稿)》出炉并向社会征求意见,这是我国社会治理的突破,明确了医疗保险法治治理的目标、原则和架构。《医疗保障法(征求意见稿)》构建起托底、基本和补充等多层次医疗保障体系,把职工医保、居民医保、大病保险、生育保险、长期护理保险和补充医保以及医疗救助等都纳入其中。不可回避的是,整合式立法难度较高,医疗保障法的顺利实施需要与现行多部法规做好区分与衔接。推进社会治理现代化,需建立以医疗保障法为统领,围绕建立健全待遇保障、筹资机制、医保支付、基金监管等机制出台行政法规和部门规章,[1]通过法律形式固化医疗保障行政部门、医疗保障经办机构、定点医药机构、参保人员等主体责任,形成独立完备的医疗保障法律体系。

一、明确重大疾病保险的法律属性

目前对于大病保障的判断标准、模式选择尚未形成统一的观点。笔者认为,应统一重大疾病的界定标准。世界卫生组织(WHO)认为,一个家庭的医疗费用支出超过 50% 的非食品支出,将会导致赤贫的结果。家庭年度内累计的医疗支出与家庭的总收入减去家庭必需的食品等生活支出的

---

① 但彦铮:《推进提升医保法治建设与治理能力的思考和建议》,载《中国医疗保险》,2020 (10)。

比值达到或超过 40% 时,也就意味着这个家庭发生了灾难性的医疗支出
(Catastrophic Health Expenditure,CHE)。根据我国医改办对大病保险的解
读,我国目前对于大病的界定已不再简单地按照病种判断,而是根据医疗
费用与城乡居民负担能力的对比进行判断。但是,由于前期各种规章制度
中对大病的规定不同,导致各个地区对于大病的理解也有不同,因此,应当
通过立法对大病的概念进行明确。

关于是否建立独立的大病保险制度,也需根据具体情况而定。我国已
经建立了以基本医疗保险为主导,以城镇职工大病医疗互助、城乡居民大
病保险制度、重大疾病医疗救助为补充的多层次的医疗保障法律制度体
系。但实践中仍存在不同制度相互之间的衔接障碍问题。纵观外国立法
例,德国、瑞士等国通过设定个人最高支付限额的方式减轻国民大病医疗
支付的负担。墨西哥则通过建立大病保障基金应对可能引起的灾难性卫
生支出。仅有少数国家建立了专门的大病保障制度,如新加坡建立的"健
保双全计划"和"综合盾计划"。我国大病保险制度面临的一系列挑战主
要体现在大病保障水平差异、制度衔接不畅、筹资困难、公平性不足、异地
就医规则限制等相关问题,应对风险时,尤其可能导致保障待遇的不公平。
另外,我国城乡居民重大疾病保险是商业保险,以盈利为目的的保险公司
能否平衡大病保险的低水平筹资与高要求保障之间的关系,是当前面临的
重大难题。① 大病保险的筹资及保障标准的确定直接影响大病保险的可
持续性,"保本微利的原则"限定了其对城乡居民保障的有限性。因此,大
病商业保险应仅是一种过渡性的制度安排。② 借鉴典型国家的做法,可以
考虑将大病保险制度与基本医疗保险制度合并,建立统一的医疗保障法律
制度。

另外,重大疾病医疗救助对象太少、救助水平偏低且仅仅针对疾病治
疗费用,因此,还应充分发挥商业保险的作用。"商业健康保险与基本医疗
保险服务目标契合、本质属性契合、服务手段契合,因而商业健康保险能够
有效补足基本医疗保险的短板与不足。"③在基本医疗保险保基本的基础
上,应给商业健康保险足够的发展空间,完善基本医疗保险、补充医疗保
险、医疗救助、商业健康保险的多层次的医疗保障法律制度。

---

① 张莹等:《社会正义视域下大病保障制度与路径研究》,载《医学与哲学》,2016(4)。
② 仇雨临、黄国武:《大病保险运行机制研究:基于国内外的经验》,载《中州学刊》,2014
(1)。
③ 李玉华:《商业健康保险与基本医疗保险的衔接路径和对策——基于协作性公共管理的
视角》,载《南方金融》,2019(10)。

二、完善应急医疗保障法律制度

《社会保险法》第 30 条明确规定,应当由公共卫生负担的医疗费用不纳入基本医疗保险基金支付范围。纵观国际立法实践,大部分发达国家都建立了应急医疗救助法律制度,在救助对象、经济补贴、财政支持等方面都有明确的法律依据。我国目前关于疾病应急救助的规定主要集中在《社会救助暂行办法》中,但是,该法也仅规定了符合救助的情形,对资金给付等具体问题无明确规定。相关应急医疗救治费用保障机制的规定分散地规定在《传染病防治法》(1989)、《突发事件应对法》(2007)、《基本医疗卫生与健康促进法》(2019)等立法中。但由于调整对象不同,而且规定大多是原则性和授权性的,法律法规之间存在内容冲突、可操作性不强的问题。因此,应当建立统一的应急医疗救助法律制度,通过立法明确重大疫情防治的经费来源和支付范围。借鉴典型国家的做法,总结我国重大疫情治理的成果和经验,可以对应急医疗救助法律制度进行全面、系统的完善,修改相互矛盾的法律条文,并明确重大疫情防治的经费来源和支付范围。

从理论上分析,在公共产品理论视域下,公共卫生服务和医疗服务属于准公共产品。筹资方式应该以财政税收为主,个人付费为辅。[①] 德国是世界上最早建立医疗保障法律制度的国家,德国通过立法明确政府为国民医疗承担积极责任,受德国医疗保障法律制度的影响,各国相继通过立法方式明确了政府在医疗保障方面的财政责任及国民缴纳保费的义务,其中的合理部分可为我国立法提供借鉴。

三、建构统一的长期护理保险法律制度

人口老龄化对我国养老保障、医疗保障体系提出了更高的要求,改革亟须加快推进。截至 2021 年年末,我国 60 岁以上人口达 26736 万人,约占全国人口总数的 18.9%。[②] 比 2000 年上升 8.6 个百分点。预计我国 60 岁及以上人口占比,在"十四五"期间将超过 20%,进入中度老龄化阶段;在 2035 年前后将超过 30%,进入重度老龄化阶段。全国老龄工作委员会预测,截至 2030 年和 2050 年,我国失能老人规模将分别达到 6168 万人和

---

① 孙淑云:《健全重大疫情医疗救治费用协同保障机制的逻辑理路》,载《甘肃社会科学》,2020(5)。

② 国家统计局:《中华人民共和国 2021 年国民经济和社会发展统计公报》。http://wap. stats. gov. cn/fb/202202/t20220228_1827966. html. 2022 - 02 - 28.

9750 万人。① 中共中央、国务院印发的《国家积极应对人口老龄化中长期规划》指出,到 2022 年,我国积极应对人口老龄化的制度框架初步建立,其中包括保障失能老年人权益的相关立法。2022 年,政府工作报告提出,稳步推进长护险制度试点。长期护理保险制度是为应对人口老龄化、保障失能人员基本生活权益而构建的社会保障制度。我国长期护理保险制度于 2012 年在青岛率先试点;2016 年,人力资源和社会保障部印发《关于开展长期护理保险制度试点的指导意见》,在上海、重庆等 15 个城市开展试点工作;2020 年,国家医保局会同财政部印发《关于扩大长期护理保险制度试点的指导意见》,又有 14 个城市加入试点。根据国家医疗保障局统计数据,2021 年,49 个试点城市中参加长期护理保险人数共 14460.7 万人,享受待遇人数 108.7 万人。2021 年,基金收入 260.6 亿元,基金支出 168.4 亿元。② 从试点情况来看,2016 年至 2020 年,长期护理保险资金多由医保基金划转,企业和个人暂不缴费或缴费很少,筹资规模受限在一定程度上影响了保障效果。2020 年,进行了调整,筹资以单位和个人缴费为主,单位和个人缴费原则上按同比例分担。

由于《社会保险法》中没有明确将长护险列为社会保险,长期护理保险的相关法律制度框架缺失,试点地区在保障范围、受益规模、保障水平等多方面差异比较大,长期护理事业发展暂不能满足现实需求。立法是失能群体基本生活权益保障的最可靠、最有力度的形式,建立长期护理保险法律制度势在必行。

我国《宪法》第 45 条明确规定:"中华人民共和国公民在年老、疾病或者丧失劳动能力的情况下,有从国家和社会获得物质帮助的权利。"长期护理保险法律制度对全体社会成员都应适用。此外,长期护理保险缴费人数越多,越有利于分担风险。越多社会成员加入长期护理保险,越有利于保障制度运行的资金需求。从德国、日本的立法实践来看,德国长期护理保险付给全体社会成员,而日本则是针对 40 岁以上的社会成员,导致对其制度公平性的争议,而且不利于风险分担。具体到我国而言,建议在医疗保险的框架下,在参保对象、制度运作、机构设置等方面,与医疗保险制度保持一致,同时,要考虑长期护理保险的特殊性,建立统一的长期护理保险基

---

① 总报告起草组、李志宏:《国家应对人口老龄化战略研究总报告》,载《老龄科学研究》,2015(3)。

② 国家医疗保障局:《2021 年全国医疗保障事业发展统计公报》,http://www.nhsa.gov.cn/art/2022/6/8/art_7_8276.html.2022-06-08.

金。《医疗保险法（征求意见稿）》第23条规定，"国家建立和发展长期护理保险，解决失能人员的基本护理保障需求"。该规定为长期护理保险制度明确了方向。但社会治理现代化的立法工作仍然任重道远，失能评估、基本保障项目范围、保障水平、管理办法等全国统一的相关配套法律法规的制定也需加快推进。

第三节　完善工伤和失业保障法律制度

一、完善劳动关系的认定标准

在劳动关系领域，社会保障需要解决的问题是，工伤和失业保险参保群体与高风险群体之间存在错位，风险较高、更需要保障的群体却游离于工伤和失业保险制度之外。高风险的群体，包括农民工群体、灵活就业人员群体。上述问题的症结在于劳动与劳务的二元区分，其存在的前提是劳动形态的一致性，但实践中可能具有多样性就业的主体、方式以及内容，导致难以准确地进行区分。尤其是在当前灵活就业的趋势下，这种介于劳动与劳务之间的非标准就业可能增多。[1] 因此，实践的发展促使我们在法律调整内容上作相应改变。在多数国家劳动法语境中，存在着劳动法调整范围内的从属性雇员和劳动法调整范围外的自雇就业者（self-employed），"雇佣-自雇"的二元结构是主流调整模式。欧盟分别有15个和12个成员国没有将自雇就业者纳入失业保险和工伤保险的覆盖范围。而且，如果允许自雇就业者自愿参保，则参保率会极低。2018年欧盟委员会建议，除失业保险可自愿参保外，所有自雇就业者都应强制参加其他社会保险项目。[2] 我国立法中尚没有"自雇者""独立缔约人"等法律概念，但相似的就业现象或问题是存在的。在立法上，可以考虑在一定程度上接受自雇就业者的概念。

国际上，无论是大陆法系国家还是英美法系国家，从属性都是区分劳动关系和劳务关系的主要理论依据。具体来说，从属性是指人格从属性和经济从属性。美国在司法实践中存在对具有经济从属性的独立承揽人提

---

[1]　李坤刚、王一帆：《我国灰色地带就业的法律反思与规制》，载《安徽大学学报（哲学社会科学版）》，2020（2）。

[2]　张浩淼等：《排斥抑或包容？欧洲自雇就业者的社会保护及启示》，载《经济社会体制比较》，2021（3）。

供一定劳动法保护的司法判例。中美两国劳动关系认定标准之理论依据的内涵和外延有别。我国劳动关系认定标准之理论依据仅限于组织从属性,而美国则以组织从属性为主,以经济从属性为辅。[①] 虽然新就业形态中的灵活就业人员的人格从属性趋于弱化,但经济从属性依然存在。在法理上,社会保险作为一项经济性劳动权益保障制度,产生于经济从属性,但是此项从属性并非劳动关系所特有,稳定的劳务供需关系中也可能具有经济从属性。[②] 德国法中的"类雇员"、[③]日本法中的"契约劳动"[④]都从立法上对新就业形态中的灵活就业人员的法律地位进行了合理界定。平台企业对劳动者的管理虽然与传统的用人单位对劳动者的管理在形式上有所不同,但实质并没有改变,应通过修法赋予新就业形态中的灵活就业人员充分的法律救济。

二、修改工伤和失业保障相关法律法规

社会保险相关法律法规应明确界定灵活就业人员的范围。《社会保险法》第 10 条和第 23 条规定,职工以外的灵活就业人员包括"非全日制从业人员",而 2011 年施行的《实施〈中华人民共和国社会保险法〉若干规定》第 9 条中特别规定,"职工包括非全日制从业人员"。我国失业保险相关法律制度中关于领取失业金期间失业人员的义务性规定过少或缺失,不利于促进失业人员再就业。笔者认为,对于失业金的领取期间可以进行分段,经过固定期间后,领取失业金减少,以此促进失业人员再就业。另外,为了减轻企业负担,相关部门发布的多个文件要求降低失业保险费率,[⑤]实践中一些省份也已按照文件要求降低失业保险费率,但这些实践中的做法并未体现在《失业保险条例》等相关法律制度中。

---

① 杨浩楠:《共享经济背景下我国劳动关系认定标准的路径选择》,载《法学评论》,2022(2)。

② 娄宇:《新业态从业人员职业伤害保障的法理基础与制度构建》,载《社会科学》,2021(6)。

③ [德]曼弗雷德·魏斯、马琳·施米特:《德国劳动法与劳资关系》,倪斐译,44 页,北京:商务印书馆,2012。

④ 李坤刚、王一帆:《我国灰色地带就业的法律反思与规制》,载《安徽大学学报(哲学社会科学版)》,2020(2)。

⑤ 包括《关于调整失业保险费率有关问题的通知》(人社部发〔2015〕24 号)、《关于阶段性降低社会保险费率的通知》(人社部发〔2016〕36 号)、《关于阶段性降低失业保险费率有关问题的通知》(人社部发〔2017〕14 号)、《关于继续阶段性降低社会保险费率的通知》(人社部发〔2018〕25 号)、《关于印发降低社会保险费率综合方案的通知》(国办发〔2019〕13 号)。

三、扩大工伤和失业保障的覆盖面

灵活就业人员对社会风险抵御能力脆弱,是社会治安治理的薄弱环节。而灵活就业人员的社会保障权益受损的主要原因之一,是法律法规的缺失。① 扩大灵活就业人员社会保险覆盖面是世界各国共同面临的难题。在我国,为了扩大工伤和失业保险的覆盖面,从中央到地方都在积极探索。2015 年,人力资源和社会保障部会同住建部、安监总局、全国总工会联合出台了《关于进一步做好建筑业工伤保险工作的意见》,该意见规定,"对不能按用人单位参保的建筑业职工特别是农民工,可以按项目参保",并建议推广至"交通运输、铁路、水利等相关行业"。衢州市、义乌市、湖州市、景德镇市等相继制定了关于新业态从业人员职业伤害保障的试行办法。这些做法都从一定程度上突破了"劳动关系"。2019 年 8 月,国务院办公厅发布了《关于促进平台经济规范健康发展的指导意见》,指出要"抓紧研究完善平台企业用工和灵活就业等从业人员社保政策。"2020 年 1 月,中共中央国务院发布了中央一号文件关于抓好"三农"领域重点工作确保如期实现全面小康的意见,强调"开展新业态从业人员职业伤害保障试点"。2021 年 7 月,人力资源和社会保障部等八部委发布的《关于维护新就业形态劳动者劳动保障权益的指导意见》明确规定,"以出行、外卖、即时配送、同城货运等行业的平台企业为重点,组织开展平台灵活就业人员职业伤害保障试点"。由此可见,党和国家对灵活就业人员社会保障问题的重视,而且部分地区进行了新就业形态中的灵活就业人员的职业伤害保障试点。但是由于目前国家层面尚未出台相对明确、统一的制度安排,导致各地试点做法差异较大。

关于新就业形态中的灵活就业人员职业伤害保障法律制度的构建有以下两种观点:一种观点认为,新就业形态中的灵活就业人员和平台组织之间存在雇佣关系,可将新就业形态中的灵活就业人员纳入现有的工伤保险制度。另一种观点主张,新就业形态中的灵活就业人员的劳动过程灵活,应当建立独立的职业伤害保险制度。在我国,立法上基本养老保险和基本医疗保险已覆盖全体社会成员,社会保险与劳动关系捆绑的制度传统已经逐步被打破。工伤保险打破劳动关系这一准入壁垒并逐渐覆盖全体社会成员也将是大势所趋。在部分平台企业以合法形式掩盖去劳动关系化的过程中,新就业形态中的灵活就业人员的权益极易遭受侵害,长此以

① 钟仁耀:《新业态就业人员的劳动保障权益如何维护》,载《人民论坛》,2021(27)。

往,公平的市场竞争秩序、政府的财政收入都将可能遭受危害,[①]甚至对社会稳定构成严重影响,也会导致社会保障制度在平抑收入差距、维护社会稳定中的功能弱化。在这一背景下,应从理论角度重新审视劳动关系与工伤保险乃至社会保险的关系,[②]现阶段可将满足全日制用工标准的新就业形态中的灵活就业人员纳入工伤保险保障。工伤认定应遵循经济从属性标准,充分考虑工作时间、场所、原因等与工作直接相关的因素,避免工伤认定范围无限扩大。对于达不到全日制用工标准的新就业形态中的灵活就业人员,可要求其强制参加基本医疗保险,平台企业可以办理雇主责任险和就业者意外伤害险等商业保险以分散风险。同时,可以借鉴其他国家对灵活就业人员的意外事故保障制度,鼓励和引导同一行业具备相同风险的灵活就业人员成立同行业工会,灵活就业人员可自愿加入,而且一旦加入就必须强制参保意外事故保险。

随着工伤保险立法理念从工具理性逐步向实质理性转变,未来为避免工伤保险制度的碎片化,基于公平原则,应修改工伤保险相关法律法规,可借鉴《建设部关于加强建筑意外伤害保险工作的指导意见》中"未投保的工程项目,不予发放施工许可证"的做法,建立监管法律机制,督促用人单位依法履行义务。也可以将我国建筑行业按项目参保的经验进行推广,确定工伤保险费的计算和缴纳,建立全体社会成员统一适用的工伤保险法律制度,拓宽缴费的主体,扩大工伤保险的覆盖面,降低缴费比例。既要保护劳动者,又要考虑社会的承受力。

在失业保障领域,建立非缴费型失业救助法律制度。由于我国失业保险参保率低、受益率低,导致失业保险制度的功能难以有效发挥。面对疫情冲击,我国出台了失业补助金政策,放宽了领取条件,但失业补助金仍限定为已参保人员才能领取。要充分发挥失业保险在社会治安治理中的作用,就需要完善失业保障法律制度。由于灵活就业人员是否失业难以判定,因此,可以先行建立非缴费型的失业救助法律制度,以有效扩大覆盖面;同时修改失业保障相关法律,将失业风险较高、更需要保障的灵活就业人员纳入保障范围。

---

① 杨浩楠:《共享经济背景下我国劳动关系认定标准的路径选择》,载《法学评论》,2022(2)。

② 李满奎、李富成:《新业态从业人员职业伤害保障的权利基础和制度构建》,载《人权》,2021(6)。

第四节　完善社会救助法律制度

一、加快社会救助立法进程

《社会救助法》曾被列入第八届、第十届、第十一届和第十三届人大常委会立法规划。2008年8月,国务院法制办曾就该法的立法草案向社会公开征求意见;2020年9月,民政部和财政部共同起草的《社会救助法(草案征求意见稿)》再次公开征求意见,但至今《社会救助法》仍未审议通过。党的十八大以来,各级财政累计支出基本生活救助资金超过2万亿元,保障标准逐年提高,城市和农村低保平均标准分别增长了1倍和2倍,但因为没有相关立法,社会救助工作的开展仍以政策调整为主,还存在一些问题。有必要对现行社会救助法律制度进行完善,不断增强社会救助在推进社会治安治理现代化过程中的作用,实现社会救助法制化,以使救助程序透明、标准明确,社会成员对国家介入有理性预期,并满足其对给付待遇的合理信赖。

目前,《社会救助法》的立法工作在积极推进,法律草案酝酿多年,2020年《社会救助法(征求意见稿)》与《社会救助暂行办法》相比更加完善,其第2条明确规定了公民的社会救助权。《社会救助法(草案征求意见稿)》第2条、第3条和第9条规定,公民享有申请和获得社会救助的权利,可依法从国家和社会获得物质帮助和服务,地方各级人民政府安排社会救助资金,中央财政给予适当补助。由此可见,草案明确了国家社会救助责任,政府积极承担起了社会救助责任。从更理想的角度,笔者建议《社会救助法》立法中,对于最低生活保障标准的设定进行程序性和实体性法律规制。对于最低生活保障标准设定主体,以及设定标准中须考量的事项予以法定化,加强对最低生活保障标准设定的司法审查。

二、建立灵活就业人员的社会救助法律制度

灵活就业人员对社会风险的抵御能力较弱,是治安治理的薄弱环节,尤其是在工伤保险和失业保险法律制度尚不健全的情况下,社会救助制度是保障灵活就业人员个人及家庭基本生活的"最后一道安全网"。将灵活就业人员纳入社会救助保障范围就显得十分重要,在修改社会救助相关法律时,可以将灵活就业人员纳入医疗救助、教育救助、住房救助范围,建立灵活就业人员的非缴费型失业救助法律制度。

三、完善社会救助"协助自立"的相关法律规定

社会救助是在被救助人无法首先靠自己生存并且确实需要帮助时才能提供的。被救助者往往是因为"欠缺生存手段"才需要救助。被救助者不应被界定为被动的接受救助的客体,而应通过救助重建其个人责任。现代社会救助法理论认为,社会救助是国家为保障个体的生存权或在特殊情况下,向个体的给付。[①] 社会救助法律制度设计中也应当强调个人自我负责。2021年民政部发布的《最低生活保障审核确认办法》第9条规定,申请低保应当以家庭为单位。在一定程度上,这使个人与家庭主体混同,导致以家庭作为救助主体的法理尴尬。

在这方面,我们可以先看看德国和日本的做法。德国《社会法典》规定,社会救助的目的是帮助自助者。德国通过提供更多类型工作种类和工作方案等措施,帮助被救助者重新就业。德国的实践可以给我们一些启示。德国哈茨改革的出发点在于通过降低福利以促使失业者重返职场,社会救助的对象是没有就业能力或就业能力减损以及处于特殊困境的人。德国 HartzIV 规定,失业受救助者有接受工作邀约的义务,也有接受职业培训的义务,无正当理由拒绝的,第一次减少30%的救助金,第二次减少60%,第三次全部取消,只保留住房补贴。强制性的工作最长不超过2年,并且通常每周不超过30小时。受救助者如果接受强制性的工作,德国联邦劳动和社会事务部通过财政拨款的方式来承担其需要缴纳的养老保险、医疗保险、长期护理保险等费用,将其纳入社会保险体系之中,帮助受救助者逐渐脱离对社会救助的依赖。[②] 德国推出为福利而工作的计划后,通过劳动市场和社会救助法律制度改革共同作用的影响,社会救助申请者减少了20%~25%;参与就业计划人数逐年上升。[③] 日本《生活保护法》规定,在领取政府生活保护金期间,如果领取人参加工作,并且获得了收入的情况下,将减少其领取的保护金。为提高领受者的劳动积极性,2013年的《生活保护法修正案》对这部分进行修改,减少的保护金将由地方自治体保管,当领受者摆脱领取生活保护金的困难生活时,这些保护金将作为政府的发放金发给领取人。

---

① 金昱茜:《论我国社会救助法中的制度兜底功能》,载《行政法学研究》,2022(3)。
② 王健:《论发展型社会救助制度中的强制工作措施——以欧洲国家的经验为镜鉴》,载《交大法学》,2022(4)。
③ 余少祥:《发展型社会救助:理论框架与制度建构》,载《浙江学刊》,2022(3)。

我国《社会救助法（征求意见稿）》鼓励受助者的自救，一则可以防范"福利依赖"，提高救助效率；二则避免超限的福利干预，造成侵犯社会成员自由之隐患。

四、增强临时救助的公平性和稳定性

我国《社会救助暂行办法》规定，临时救助的具体事项和标准授权县级以上地方人民政府确定。在审批程序方面，我国将临时救助的审批程序分为一般程序和紧急程序两种，紧急情况可以按照规定简化审批手续。这一规定比较笼统，实践操作起来缺少具体的规程指引，笔者认为，为方便实务操作，未来的《社会救助法》中应明确规定临时救助的审批机关、审批时的原则与标准、审批程序等。

五、明确规定最低生活保障认定中的"共同生活家庭成员"的范围

《社会救助暂行办法》第10条明确规定，最低生活保障标准由省级政府或设区的市级政府设定。在实践中，地方政府基本上是以规范性文件的形式公布本地区的最低生活保障标准。保障标准的设定缺少法律层面的规制，其客观性和公平性易引发争议。考虑到社会救助相关法律法规及政策已经运行多年，结合实践经验，应在未来的《社会救助法》中明确规定最低生活保障认定的"共同生活家庭成员"的范围，避免标准不统一，以及标准过高导致社会成员的社会救助权无法实现。